Nuevas Voces Hispanas

Silvia Burunat

Department of Romance Languages
The City College of New York

Julio Burunat

Division of the Humanities
Saint Thomas Aquinas College

New York Chicago San Francisco
Philadelphia Montreal Toronto London
Sydney Tokyo Mexico City
Rio de Janeiro Madrid

Publisher: Rita Perez
Acquisitions Editor: Vincent Duggan
Senior Project Editor: Marina Barrios Hanson
Design Supervisor: Gloria Gentile
Production Manager: Pat Sarcuni

Library of Congress Cataloging in Publication Data

Burunat, Silvia.
　Nuevas voces hispanas.

　Includes index.
　　1. Spanish language—Readers—Hispanic Americans.
2. Hispanic Americans—Addresses, essays, lectures.
I. Burunat, Julio.　　II. Title.
PC4127.H48B87　　1984　　468.6'421　　83-22847

ISBN 0-03-063188-2

Copyright © 1984 by CBS College Publishing
Address correspondence to:
383 Madison Avenue
New York, N.Y. 10017
All rights reserved
Printed in the United States of America
Published simultaneously in Canada
4　5　6　7　　038　　9　8　7　6　5　4　3　2

CBS COLLEGE PUBLISHING
Holt, Rinehart and Winston
The Dryden Press
Saunders College Publishing

A Nuestros Padres.

Contents

Capítulo 5.   *La prensa hispana en Los Ángeles, Miami y Nueva York*   *128*

Capítulo 6.   *Puntos de vista y modos de sentir hispanos*   *167*

Vocabulario   205

Preface

Nuevas voces hispanas is an upper intermediate cultural reader for college students. It has been written for monolingual English speakers, and also for bilinguals in classes dealing with the Hispanic culture of the United States.

This text emphasizes the development of the Spanish speaking people, their history, language, cultural expressions, and thought throughout more than four centuries in the United States of America.

It is very important for the student of Spanish to learn about the Hispanic world. It is even more relevant for him or her to discover that there are 20 million speakers of Spanish right here in the United States, and Spanish was the first European language ever spoken here. Finally, the student discovers that the target language is hardly a foreign one here and that different manifestations of the Hispanic culture are to be found north of the border.

The book contains 6 parts, each under a different theme, and each one divided into 5 separate units. Each unit starts with a reading and is followed by exercises. Therefore, there is a total of 30 units and 30 sets of exercises. The 6 general themes are: (a) *La historia hispana de los Estados Unidos,* (b) *Los hispanos: Lengua, educación y cultura,* (c) *La mujer hispana contemporánea en los Estados Unidos,* (d) *Expresiones artísticas hispanas en los Estados Unidos,* (e) *La prensa hispana en Los Ángeles, Miami y Nueva York,* (f) *Puntos de vista y modos de sentir hispanos.*

The readings come from a variety of sources: the dialogues and some narrations have been written by us; the rest contains newspaper items, book excerpts, poetry selections, and short stories.

Each set of exercises has: (I) *Preguntas de contenido,* (II, III) Vocabulary practice which uses various testing methods such as true/false, synonyms, antonyms, lexical families, building up sentences, definitions, etc., (IV) *Preguntas para iniciar una conversación; and* (V) *Composición dirigida.*

We have tried, as much as possible, to control the vocabulary employed in the readings, going from the less difficult to the more advanced. The same procedure has been applied to verbal tenses.

There are margin glosses of difficult words. Most of them have been rendered in Spanish, using synonyms. When necessary, some English translations have been used. Cultural notes appear throughout the text and there is a vocabulary at the end.

There are photographs, drawings, and realia that have been carefully chosen to illustrate the themes and situations contained in the readings.

The intermediate and upper intermediate Spanish student will be encouraged, with the help of our textbook, to develop and reinforce vocabulary building, writing, and reading skills. As the students write guided compositions, they learn the principles for organizing and expressing ideas. Conversational skills are emphasized with the aid of questions especially prepared to facilitate exchanges of ideas.

As well as teaching language skills *Nuevas voces hispanas* aims to induce a better understanding of Hispanics within the United States: their language and culture, their efforts to maintain them, their struggles to overcome prejudices. It is expected that the student will learn from this text the notion that our Hispanic culture is a very important part of the United States history and national heritage.

Nuevas voces hispanas celebrates ethnicity, tries to minimize misunderstandings against Hispanics, and emphasizes pride in our culture. It underlines the positive aspects of "*hispanismo*," it tries to keep a sense of humor, and its themes are challenging enough to stir up lively discussions in class (in Spanish, hopefully!) with different and opposing viewpoints.

We are grateful to the following reviewers whose comments, both positive and critical, were instrumental in the creation of this text: Ed Hopper, University of North Carolina at Charlotte; Mary Gill, West Texas State University; Martin Durrant, Phoenix College; Helen Brown, Community College of Philadelphia; Hilda Dunn, University of Kentucky; Ramiro Rea, Pan American University; Hildebrando Villarreal, Cal State University at Los Angeles; Catherine Guzman, John Jay College; G. Valdes-Fallis, New Mexico State University; Fidel De Leon, El Paso Community College; John Staczek, Florida International University; Angelo S. Villa, Los Angeles Valley College; Jaime Montesinos, Borough of Manhattan Community College; and Nancy Sebastiani.

We would particularly like to thank our editors at Holt, Rinehart and Winston, Karen Misler, Marina Barrios Hanson, and Vincent Duggan, and our copyeditor Helen Greer, for their help in this endeavor. Our sincere appreciation also goes to our typist, Jitka Salaquarda.

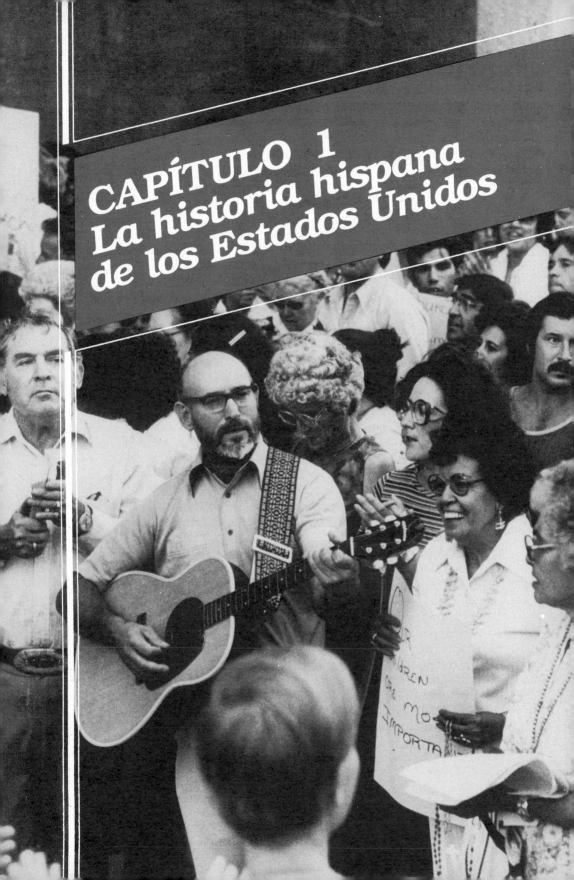

CAPÍTULO 1
La historia hispana de los Estados Unidos

Las primeras incursiones españolas

Rosa es dominicana y *cursa* el segundo año de estu-   estudia
dios universitarios. Entra en la cafetería y se encuentra con Roberto, un puertorriqueño amigo suyo y
compañero de clases. Se sientan juntos y empiezan a
conversar.

—¿Qué tal, Rosa? ¿Cómo te va en la clase de español para hispanohablantes?

—Bastante bien, aprendo muchísimas cosas nuevas de nuestra lengua española. Y lo que más me gusta
es lo que he aprendido sobre la historia de los Estados
Unidos.

—¿Qué me dices? ¿La profesora les habla de historia norteamericana en la clase de español?

—Claro que sí; ella nos habla de la historia hispana
de los Estados Unidos. ¿Sabes que el español fue la
primera lengua europea que se habló en este país?

—¿Cómo? Pues yo creía que Jamestown en Virginia, que se fundó en el año 1607 y más tarde Plym-
outh que fundaron los peregrinos del Mayflower en
1620 habían sido las primeras colonias establecidas
en este territorio.

—*Te equivocas.* Según hemos aprendido en nues-   no tienes
tra clase, Pedro Menéndez de Avilés, un español, fundó   razón
San Agustín de la Florida en 1565. Eso está en los
libros de historia pero muchas personas lo olvidan o
le *restan* importancia.   quitan

—¡Fantástico! Pero Rosa, Juan Ponce de León fundó
San Juan de Puerto Rico en 1521. Como Puerto Rico
es un estado libre asociado y, por lo tanto, conectado
a la Unión, esta fecha es anterior a la de 1565.

—Pues sí, Roberto. Además, ya en la primera mitad
del siglo XVI Francisco de Vázquez Coronado y Her-
nando de Soto hacían incursiones, respectivamente,
en las áreas de Nuevo México[1] y el Misisipí. Este río

---

[1] Las palabras México, Texas y sus derivados (mexicano, texano) pueden escribirse
con **x** o con **j**. En el español que se empleaba en los siglos XV y XVI, la letra **x**
representaba el sonido /h/ que se representa con la letra **j** en el español contemporáneo.

fue descubierto por de Soto en el año 1541. En 1542 los españoles descubrieron la *actual* bahía de San Diego de California. Entre 1528 y 1536 Alvar Núñez Cabeza de Vaca descubrió y exploró parte de Texas, Nuevo México y Arizona.

que hoy se conoce por

—¿Cómo es que los Estados Unidos no se convirtieron en un país hispanoamericano como tantos otros de América? Históricamente, eso podría haber pasado.

—Sí, pero aunque es verdad que los españoles hicieron aquí las primeras incursiones, no demostraron mucho interés en continuar la colonización. ¡Tenían bastante con tantas tierras en Centro y Suramérica! Además, desde 1519 Hernán Cortés había llegado a México y este territorio les interesaba mucho a los conquistadores españoles.

—Rosa, hoy en mi clase de historia contemporánea de los Estados Unidos, la profesora va a *tratar* sobre el siglo XIX y las relaciones entre este país y México. ¿Sabes tú qué pasó durante los siglos XVII y XVIII en relación con la historia hispana en Norteamérica?

explicar

—Nosotros aprendimos que en 1609 Juan de Oñate estableció la ciudad de Santa Fe en Nuevo México. En

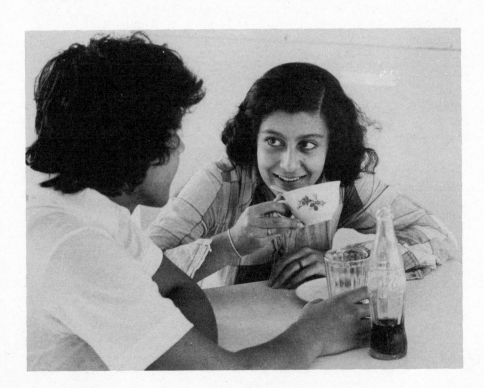

1769 ocurrió la primera fundación europea en California, con la ciudad de San Diego, fundada por Junípero Serra, un fraile español. En 1781 otros españoles establecieron Nuestra Señora la Reina de los Ángeles de Porciúncula...

—¡Dios mío! ¡Qué nombre! Esa debe ser la ciudad de Los Ángeles de California. Yo he oído hablar de las misiones que los frailes de España establecieron en esas regiones. ¿Qué me puedes contar sobre esto?

—Desde 1769 hasta 1782 Fray Junípero Serra fundó nueve de las veintiuna misiones que se establecieron en California y que, además de centros religiosos y educativos, fueron *focos* económicos en esos tiempos. ¡Ah, me olvidaba hablarte de la Luisiana!

centros

—¡Pero Rosa, yo creía que la Luisiana había pertenecido a Francia! ¿Es que los españoles también intervinieron en la historia de ese territorio?

—Por supuesto, Roberto. Desde el año 1762 hasta 1800 la Luisiana estuvo bajo la Corona de España. Por cierto, aquí tengo este *recorte* de periódico que te interesará leer.

pedazo, *clipping*

—Gracias, Rosa. Me has dado una excelente lección de historia. Ahora tengo tanta curiosidad acerca del tema que me voy corriendo a mi clase para oír lo que la profesora va a enseñarnos sobre el siglo XIX. ¡Hasta pronto!

* * *

Faltan cinco minutos para la clase de historia y Roberto los *aprovecha* para leer el recorte que Rosa le dio y que dice así:

usa

Emisario de España visita San Bernardo para renovar antiguos lazos, por Alex Martin.[2]

Un emisario de la Madre España estuvo en el este del Distrito de San Bernardo para interesarse por la cultura de los antiguos colonizadores *al cabo* de más de 175 años desde que España perdió el control de la Luisiana.

después

José Miguel Merino de Cáceres, ministro de cultura de España, visitó la Parroquia[3] de San Bernardo, es-

---

[2] *The Times-Picayune*, Nueva Orleáns, Luisiana, domingo 15 de agosto de 1982, Sección 7, página 1-D. (Adaptado y traducido del inglés)
[3] En la Luisiana, el territorio está dividido en parroquias (*parishes*) en vez de condados (*counties*). Esto sigue la antigua costumbre española y francesa en lugar de la inglesa.

pecialmente la isla Delacroix que es el centro cultural
español más importante, como parte de *un recorrido*   un viaje por
de los Estados Unidos patrocinado por el Servicio Nacional de Parques.

«En Washington me habían hablado de esto (San
Bernardo) y de lo que toda la gente está haciendo para
conservar su herencia española; me habían dicho que
valía la pena verlo» dijo Merino, hablando por boca de
su esposa Nancy, que sirvió de intérprete durante su
visita del martes.

Los lazos culturales que San Bernardo mantiene
con España datan de la década de 1780 a 1790,
cuando los habitantes de las Islas Canarias fueron a
la región de Bayou Terre aux Boeufs. Los primeros
isleños, como se les llama a estos colonizadores y a   habitantes de
una isla
sus descendientes, eran soldados al servicio del gobernador español de la colonia, Bernardo Gálvez.

Merino, su esposa y representantes del Servicio Nacional de Parques y de la comunidad hispana de San
Bernardo, recorrieron el Museo Isleño y se reunieron
en la isla de Delacroix para comer camarones hervidos
a orillas del mar.

El ministro habló con Joseph «Chelito» Campo, de
86 años de edad, que es el isleño más viejo de la región, así como con otras personalidades, incluyendo
a dos miembros del Club español de la parroquia.

Después de concluir su viaje, Merino dará al Servicio Nacional de Parques sus impresiones sobre lo
que puede hacerse para mantener la herencia cultural
española que se encuentra en diversas partes de los
Estados Unidos. «Hay muchas posibilidades», dijo el
ministro. «Tengo que averiguar qué puede hacer mi
gobierno. La herencia española se encuentra presente
en muchas regiones del mundo y es difícil mantenerla
en todas partes».

Algunas posibilidades podrían incluir el intercambio de artefactos históricos entre España y los Estados
Unidos, *video tapes* españolas para el Museo Isleño de
San Bernardo y un programa de becas para enviar a
los descendientes de los isleños a estudiar a España.
Merino agregó que tomará decisiones más concretas
después de su regreso a España.

Ejercicios

I. *Preguntas de contenido.*

1. ¿De qué hablan Roberto y Rosa?
2. ¿Sabe Ud. a qué clases asisten ellos?
3. ¿Cuándo y dónde se habló español por primera vez en los Estados Unidos continentales?
4. ¿Qué ciudades fundaron los españoles en los Estados Unidos?
5. ¿Quién fue Junípero Serra y qué hizo él?
6. ¿Qué pasó en la Luisiana a fines del siglo XVIII?
7. ¿Qué hace Roberto cinco minutos antes de su clase de historia?
8. ¿Cuál es el tema general del recorte de periódico?
9. ¿De dónde vinieron los ascendientes de los isleños?
10. ¿Qué sugerencias da el ministro de cultura para mantener la herencia española en los Estados Unidos?

II. *De cada oración, diga si es verdadera o falsa. Corrija las falsas, escribiendo un breve comentario de cada una.*

1. Rosa y Roberto son inmigrantes dominicanos.
2. A la profesora de español también le interesa la historia.
3. En los Estados Unidos se habló inglés, por primera vez, en Jamestown, Virginia.
4. Juan Ponce de León fue el fundador de la ciudad de San Agustín de la Florida.
5. Santa Fe se estableció a principios del siglo XVII.
6. Las misiones de California fueron centros religiosos exclusivamente.
7. En la Luisiana hay influencia española y francesa.
8. El ministro español que visitó San Bernardo hablaba inglés perfectamente.
9. En San Bernardo ha habido hispanos desde fines del siglo XVIII.
10. El Servicio Nacional de Parques fue el patrocinador de la visita del ministro.

III. *Sustituya las palabras señaladas por sinónimos, consultando las glosas.*

1. Nosotros *estudiamos* el segundo año de español.
2. Ellos *no tienen razón* en lo que dicen.
3. Debes *quitarles* importancia a sus palabras.
4. ¿*Empleas* bien tu tiempo libre?
5. El ministro estaba *viajando por* los Estados Unidos.
6. Las misiones eran *centros* religiosos, educativos y hasta económicos.

7. El sermón *explica* sobre la justicia social.
8. *Después* de tantos años, todavía se habla español en San Bernardo.

IV. *Preguntas para iniciar una conversación.*

1. ¿Cuál es su reacción después de haber leído este diálogo y el recorte?¿Conocía Ud. la historia hispana de los Estados Unidos?
2. Si hay alguien en la clase que ha visitado o que conoce algunas de las ciudades fundadas por los españoles en los Estados Unidos, ¿puede describirlas?
3. Póngase en el lugar del ministro de cultura de España. ¿Qué otras sugerencias tiene Ud. para conservar la herencia hispana en los Estados Unidos?
4. Entre todos los estudiantes y con la ayuda de su profesor (-a), den nombres de estados, ciudades, montañas, ríos, etc. de los Estados Unidos que tienen origen español. Escriban listas y léanlas después. Empleen un mapa.

V. *Composición dirigida. «Mi clase favorita en la universidad».*

Escriba una composición en cinco párrafos. Cada pregunta, o grupo de preguntas, que corresponde a un número debe servir de guía para cada párrafo. Evite contestarlas en forma mecánica. No se trata de un cuestionario, sino de desarrollar las ideas que se sugieren con las preguntas. Estas instrucciones sirven para todas las composiciones y no se van a repetir.

1. ¿Cuál es su clase favorita y por qué?
2. Describa al profesor o a la profesora de su clase favorita.
3. Describa el contenido y las actividades de esa clase.
4. ¿Qué nota espera Ud. recibir y por qué?
5. ¿Cómo piensa Ud. aplicar a su vida diaria los conocimientos adquiridos en esa clase?

El siglo XIX.
México y los Estados Unidos

Roberto llega a su clase de historia contemporánea de los Estados Unidos, que está para empezar. Allí ve a Joe, a Richard y a Margaret, unos compañeros angloamericanos[1]; *asimismo*, están en el salón Alicia y Luisa, puertorriqueñas como él. *Al instante* entra la profesora y cierra la puerta. *Pasa la lista de clase* y empieza la lección.

también

inmediatamente; lee los nombres de los estudiantes

—Hoy vamos a tratar sobre el siglo XIX y las relaciones entre los Estados Unidos y México. *A principios de* ese siglo, el territorio de México se extendía por parte de lo que son hoy día los estados de California, Nevada, Utah, Arizona, Wyoming, Colorado, Nuevo México, Nebraska, Kansas, Oklahoma y Texas...

Al comenzar

—Profesora, perdone, una pregunta: yo creía que España era *la dueña de* esas tierras...

la que poseía

—Sí, Roberto. España había descubierto, explorado y establecido colonias en partes de esos territorios, pero en 1821 México se convirtió en una república independiente de España y pasó a ser dueña entonces. Bueno, Uds. pueden interrumpirme cuando necesiten hacer preguntas. Continúo. Los pioneros angloamericanos comenzaron su marcha hacia el oeste durante la primera parte del siglo XIX. Estos pioneros eran *más bien* exploradores y cazadores, no colonos permanentes; por eso, su presencia no perturbó a los hispanos. Al abrirse el camino de Santa Fe en 1822, empezó a aumentar el comercio entre el este y el oeste. Al mismo tiempo, barcos procedentes de Nueva Inglaterra *anclaban* cerca de las costas de California para comerciar con las colonias hispanas. Sin embargo, hacia 1840 sólo había unos 400 angloamericanos vi-

realmente

echaban sus anclas

---

[1] Palabra convencional que se usa para referirse a los habitantes de Estados Unidos que no son de origen hispano. Puede incluir a personas de origen no-inglés (alemanes, holandeses, etc.).

viendo en California. Por cada uno de éstos, había diez hispanos. Pero quiero referirme ahora al caso de Texas. ¿Sabe Ud. algo sobre eso, Joe?

—Sí, profesora; creo haber leído que Texas tenía una población de 5.000 hispanos a principios del siglo XIX.

—Es verdad. En 1821 Moses Austin, un banquero de St. Louis, recibió un permiso del gobierno mexicano para llevar allí a 300 familias angloamericanas. En los próximos diez años llegaron tantos colonos que había cuatro por cada hispano. Finalmente México impuso restricciones en la inmigración anglosajona. Los colonos, en 1836, proclamaron independiente a Texas, pero el gobierno mexicano no lo aceptó. ¿Dígame, Margaret?

—Profesora, yo recuerdo haber oído que el año 1845 fue una fecha importante en la historia de Texas. ¿Qué pasó entonces?

—Pues los Estados Unidos, en 1845, declararon a Texas un estado de la Unión pero, lógicamente, México rechazó la anexión. Esto fue el comienzo de una guerra que duró desde 1846 hasta 1848. Las tropas norteamericanas llegaron hasta California en el oeste y hasta la ciudad de México en el sur. Finalmente, en 1848, se firmó el Tratado de Guadalupe Hidalgo que cedía a los Estados Unidos los territorios correspondientes a Texas, Arizona, Nuevo México, California, partes de Colorado, Utah y Nevada; hasta pequeñas porciones de Wyoming, Nebraska, Kansas y Oklahoma que también habían pertenecido a México. Los norteamericanos pagaron $15 millones al gobierno mexicano por esas tierras. ¿Tiene Ud. algo que preguntar, Luisa?

—¡Profesora, México era un país enorme entonces! ¡Más grande que los Estados Unidos!

—¡Claro que sí, Luisa! Y hacia el sur México se extendía por las tierras de los que son hoy día varios países de la América Central. Volviendo a la historia hispana de los Estados Unidos. En 1853 *se llevó a cabo* la compra de Gadsden que afectó aún más las fronteras entre este país y México, añadiendo 75.000 mexicanos a la población estadounidense. Se creó una fuerte tensión entre los angloamericanos, *vencedores*, y los mexicoamericanos, *vencidos*. Como Uds. saben,

se hizo

ganadores
perdedores

esa tensión aún existe en nuestros días y ha dado lugar a muchas injusticias contra los chicanos... ¿Sí, Alicia?

—¡Profesora, yo creía que la palabra chicanos no era aceptable...!

—Hay distintas opiniones respecto a cómo llamar a los mexicoamericanos. Se oyen términos como latinos, hispanos, hasta simplemente mexicanos. Las palabras chicanos y la Raza generalmente tienen un sentido político y a partir de la década de los años 60, sobre todo, se aceptan con *orgullo* entre la mayoría   satisfacción
de los mexicoamericanos. En cuanto al origen del vocablo chicano, hay diferentes opiniones también. Algunos dicen que viene de la pronunciación del nahuatl[2] de la palabra mexicano, otros dicen que es un derivado de chico. ¿Quiere Ud. *agregar* algo, Rich-   añadir
ard?

—Sí, yo quería decir que también a los puertorriqueños se les llama boricuas. Esta es una palabra de la lengua arahuaca[3] y se deriva del nombre indio de la isla de Puerto Rico que es Borinquen o Boriquén. Esto lo aprendí en mi clase de estudios puertorriqueños. Me parece que también Uds. se sienten orgullosos del nombre boricua, ¿no es así, Alicia?

—*Efectivamente*, a mí me encanta. Pero díganos,   Ciertamente
profesora. ¿Qué pasó después de 1853?

—Durante la segunda mitad del siglo XIX ocurrió la verdadera colonización del oeste por los angloamericanos, hasta que éstos llegaron a sobrepasar a los hispanos en número. Además, alrededor de un millón de irlandeses llegaron a los Estados Unidos y *como*   aproximada-
medio millón de alemanes. Muchos de estos inmi-   mente
grantes se instalaron en los nuevos territorios. En 1850 la población del país *ascendía* a 23 millones y   llegaba
en 1900 había alcanzado la cifra de 76 millones. De éstos, más de 16 millones eran inmigrantes. ¿Qué hora es, Margaret?

—Faltan 5 minutos para terminar la clase, profesora. ¿Puede decirnos algo más?

—Sólo quiero decirles que en los últimos años del siglo XIX, exactamente en 1898, España y los Estados

---

[2] La lengua de los indios aztecas de México.
[3] La lengua de los indios que vivían en las Antillas, también llamados taínos.

Unidos tuvieron una guerra. Cuba y Puerto Rico eran todavía posesiones españolas. Cuba alcanzó su independencia de España y, aunque *estuvo a punto de pasar* a ser una colonia de los Estados Unidos, finalmente se convirtió en república libre. España cedió Puerto Rico, las Islas Filipinas y Guam a los Estados Unidos. Pero no podemos seguir porque ya es hora de terminar nuestra clase. Además, el siglo XIX llega a su fin. Continuaremos mañana.

casi llegó

Ejercicios

I. *Preguntas de contenido.*

1. ¿Quiénes están en la clase de historia?
2. ¿Cuál va a ser el tema de la clase?
3. ¿Qué territorios ocupaba México en los primeros años del siglo XIX?
4. ¿Qué pasó en 1821?
5. ¿Qué importancia tuvo el camino de Santa Fe?
6. ¿Cuántos angloamericanos vivían en California alrededor de 1840?
7. ¿Qué importancia tiene Moses Austin en la historia de Texas?
8. ¿Cómo empezó la guerra de 1846 entre los Estados Unidos y México?
9. ¿Cómo terminó esa guerra?
10. ¿Qué sucedió en 1853?
11. ¿Cuál es el origen de la palabra *chicano*?
12. ¿Cuál es el origen de la palabra *boricua*?
13. ¿Cómo se colonizó el oeste después de 1853?
14. ¿Qué ocurrió en 1898?

II. *Escriba un derivado de cada palabra de esta lista. Después, escriba una oración completa, empleando el derivado.*

EJEMPLO la historia—*el historiador*
El historiador *se interesa en los eventos mundiales.*

1. el compañero
2. la puerta
3. la tierra
4. el explorador
5. el camino
6. el pueblo
7. el gobierno
8. la compra
9. el estudio
10. el millón

III. *Escriba los antónimos de las palabras que están señaladas en estas oraciones. Búsquelos en el diálogo.*

1. La clase *acaba* a las once.
2. Elvira y Rafael *abren* las ventanas.
3. *A fines* de mes llegan las cuentas.
4. No han escrito la *respuesta*.
5. Su *ausencia* no molesta a nadie.
6. El comercio empezó a *disminuir*.
7. Salieron de su casa *temprano*.
8. La anexión se *aceptó*.
9. Fue una *venta* excelente.
10. Ella está muy *débil*.
11. Tienen opiniones *iguales*.
12. ¿Te gusta *enseñar* lenguas?
13. *Descendíamos* lentamente, con trabajo.

IV. *Preguntas para iniciar una conversación.*

1. ¿Qué época de la historia mundial le parece a Ud. más interesante: el siglo XX, otros siglos anteriores, la época antigua, el período prehistórico? Explique su respuesta.
2. ¿Qué reacciones y comentarios tiene Ud. acerca de la guerra entre México y los Estados Unidos?
3. ¿Qué opina Ud. de las palabras *chicano* y *boricua*? Explique si Ud. cree que son aceptables o no y por qué.
4. En los Estados Unidos hubo una guerra civil en el siglo XIX. ¿Puede Ud. explicar en qué consistió? ¿Qué resultados importantes tuvo esa guerra?

V. *Composición dirigida.* «*La violencia en la televisión*».

1. ¿En qué programas de televisión se ven escenas violentas? Describa algunos.
2. ¿Cree Ud. que esos programas afectan a las personas que los ven? Explique a quiénes y en qué forma.
3. ¿Puede Ud. dar sugerencias para cambiar ese estado de cosas? ¿Cómo se puede evitar que los niños vean esos programas?
4. ¿Qué programas recomienda Ud. para los niños y jovencitos? Describa algunos.
5. ¿Cree Ud. que el gobierno de un país debe intervenir o no en lo que la televisión enseña? Desarrolle su respuesta brevemente.

El siglo XX.
Las inmigraciones de hispanos

Como se ha visto, los mexicoamericanos no vinieron como inmigrantes a los Estados Unidos hasta la segunda mitad del siglo XIX. Ellos ya vivían en los territorios que México perdió durante la guerra de 1846 a 1848 y pasaron entonces a ser ciudadanos norteamericanos. Sin embargo, durante el siglo XX un gran número de mexicanos han entrado en los Estados Unidos, *bien de modo* legal o ilegal.

o de manera

Después del año 1850, las industrias principales del suroeste americano eran la agricultura, los *ferrocarriles* y las minas, y esta tendencia continuó hasta la época de la Segunda Guerra Mundial, en la década de 1940. La población estaba concentrada en las áreas rurales y el mexicoamericano y el indio, más que el angloamericano, continuaron *arraigados* a esas áreas. Los chicanos siempre fueron una fuerza laboral más barata en la agricultura que, hacia 1929, estaba muy *desarrollada* en las zonas del suroeste. Todo esto hizo que las migraciones hacia el norte de los habitantes de México aumentaran.

trenes

apegados

extendida

Es muy difícil calcular la cantidad de personas mexicanas o de origen mexicano en los Estados Unidos, debido al gran número de *indocumentados.* Oficialmente se admiten unos 8 millones pero esta cifra podría ser aun el doble, no se sabe con seguridad. Hoy día el 85 por ciento de los chicanos viven en ciudades como Los Ángeles, por ejemplo, donde hay cerca de 2 millones.

personas sin documentos legales para vivir en los Estados Unidos

A principios del siglo XX, durante los años de la Guerra Civil en México, una gran ola de inmigrantes vino a los Estados Unidos. En la década de 1920 ocurrió otra revolución en la vecina república, la de los Cristeros,[1] que también provocó la entrada de unos 500.000 mexicanos, casi todos con visas perma-

---

[1] Para oponer el anticlericalismo del régimen, militantes cristianos organizaron una revuelta en nombre de Cristo Rey.

nentes. Muchos más entraron sin documentos. En esa época aparecieron los «coyotes»,[2] contratistas profesionales, y los «alambristas»,[3] que sabían evitar la vigilancia de «la migra»[4] y pasar a los «mojados»[5] al otro lado del Río Grande para penetrar en territorio norteamericano.

En la década de 1930 los Estados Unidos sufrieron una depresión económica. Muy pocos mexicanos vinieron a este país en esos años; los angloamericanos empezaron a mirar con sospechas a sus vecinos que, según ellos, les quitaban oportunidades de trabajo. Unas 500.000 personas regresaron «voluntariamente»[6] a México. Se cometieron injusticias: muchas familias se vieron separadas, aun personas que eran ciudadanas norteamericanas tuvieron que irse.

En los años de la Segunda Guerra Mundial las condiciones inmigratorias volvieron a ser propicias para los mexicanos porque se necesitaba *mano de obra* en los Estados Unidos. En 1924 se inició el Programa de *Braceros* que duró hasta 1947. Unos 200.000 braceros trabajaron en veintiún estados, la mayor parte en California. De 1951 a 1964 se abrió nuevamente el programa; solamente en 1959 entraron casi 450.000 braceros. Esta masa migratoria fue temporal, es decir, que estos trabajadores entraron en el país con permiso para participar en cierto tipo de labor como la recogida de lechugas o de cítricos, por ejemplo. Una vez terminada, tenían que regresar a México. Claro que muchos no lo hicieron y se quedaron en el norte, con la esperanza de conseguir al fin los *ansiados* documentos para legalizar su situación.

En 1965 las leyes de inmigración cambiaron y se estableció un límite de 120.000 inmigrantes al año procedentes del hemisferio occidental; en 1976 el Congreso añadió que el límite sería de 20.000 personas por país al año. Nada de esto ha podido evitar

fuerza laboral

personas que trabajan con los brazos

deseados

---

[2] Las personas que contratan obreros mexicanos ilegalmente en la frontera entre México y los Estados Unidos para trabajar aquí.
[3] Las personas que ayudan, por dinero, a los indocumentados a cruzar las cercas de alambre *(wire fences)* de la frontera.
[4] Los funcionarios del departamento de inmigración.
[5] Los indocumentados que cruzan el Río Grande nadando para entrar en los Estados Unidos; también se les llama «espaldas mojadas».
[6] Esta palabra está escrita entre comillas con sentido irónico; el gobierno de los Estados Unidos obligó a miles de mexicanos a volver a México.

la entrada de indocumentados que, por razones económicas, continuaron y continúan cruzando la frontera en busca de trabajo. Recientemente el gobierno del Presidente Reagan inició una nueva campaña contra los indocumentados, dando como justificación el alto índice de desempleo que actualmente existe en los Estados Unidos.

La inmigración puertorriqueña tiene un *cariz* totalmente distinto. Hay más de un millón y medio de puertorriqueños en los Estados Unidos y como Puerto Rico es parte de la Unión y ellos son ciudadanos norteamericanos desde 1917, pueden entrar y salir del continente con entera libertad. De todos los puertorriqueños que viven en los Estados Unidos, más de la mitad se encuentra en la ciudad de Nueva York, donde reside casi el doble del número de los habitantes que tiene San Juan, la capital de Puerto Rico.

aspecto

Durante el siglo XIX grupos de exilados políticos salieron de Puerto Rico y *se dirigieron* a Nueva York para, desde esta ciudad, trabajar por la independencia de su isla que aún se encontraba bajo el dominio de España. Entre ellos estaban los ilustres patriotas Ramón Emeterio Betances, Eugenio María de Hostos, Francisco Gonzalo Marín, Santiago Iglesias y Luis Muñoz Rivera. Todos regresaron a Puerto Rico después que la isla pasó a manos de los Estados Unidos para participar en varios movimientos políticos.

fueron

Entre 1898 y 1940 unos 61.000 puertorriqueños se dirigieron a Nueva York por motivos económicos, en busca de trabajo. Como había *sucedido* con los mexicanos, muy pocos boricuas vinieron a los Estados Unidos en la década de 1930, debido a la crisis económica sufrida por este país. La ola inmigratoria mayor tuvo lugar después de la Segunda Guerra Mundial. Primero vino un alto número de obreros de la agricultura, especialmente en los años 1947 y 1948. Cada año entraron unos 20.000 obreros y algunos se quedaron aquí. Este patrón migratorio continuó hasta hace pocos años, en que comenzó a declinar.

pasado

Con el *auge* de la aviación a fines de la década de 1940, se podía viajar de Puerto Rico a Nueva York en unas seis horas por menos de $50.00; esto hizo aumentar el flujo migratorio. Hacia 1973, unos 5 millones de puertorriqueños viajaban anualmente entre la isla y el continente. Algunos eran turistas, personas

desarrollo

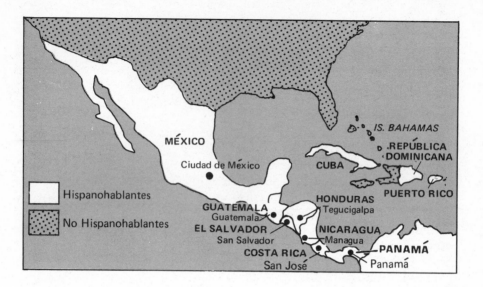

de negocios o funcionarios del gobierno, pero la mayoría venía a buscar empleo o a reunirse con su familia.

Lo curioso de la inmigración puertorriqueña es su movilidad, su ir y volver entre Puerto Rico y los Estados Unidos. El número de puertorriqueños que se ha quedado permanentemente en uno u otro lado es relativamente pequeño. Además, cada vez es más frecuente el regreso del puertorriqueño a su isla, para establecerse allí definitivamente después de haber pasado unos años aquí, para retirarse, etc.

Los cubanos representan otra inmigración hispana distinta de las dos anteriores. Desde 1831 se encontraban cubanos en Cayo Hueso[7] al sur de la Florida, en la industria *tabacalera*. También, como se vio en   **del tabaco** el caso de Puerto Rico, varios exilados políticos vinieron a los Estados Unidos a fines del siglo XIX para organizarse contra España y conseguir la independencia de Cuba. Algunos de estos exilados eran asimismo industriales tabacaleros. Uno de ellos, Vicente Martínez Ibor, relocalizó su fábrica en Tampa y más tarde *el barrio* donde se encontraba tomó el nombre de Ibor   **el vecindario** City. Al principio de la década de 1890 José Martí, el *insigne* patriota cubano, vivió exilado en los Estados   **ilustre** Unidos, *recorriendo* Tampa, Cayo Hueso y Nueva   **visitando**

[7] El nombre en inglés, Key West, imita la pronunciación de Cayo Hueso.

York, buscando ayuda, entre los cubanos, para la causa revolucionaria contra España.

Después de convertirse en república independiente, Cuba *atravesó* diversas crisis políticas que dieron lugar a pequeñas olas migratorias hacia el norte. Hacia fines de la década de 1950, durante la dictadura de Fulgencio Batista, la ola aumentó. *Se trataba* de un grupo heterogéneo de personas *adineradas,* intelectuales, figuras políticas que no simpatizaban con el régimen y otros. También vinieron grupos de personas en busca de trabajo.

pasó por, sufrió

era
ricas

El primero de enero de 1959, habiendo triunfado la revolución contra Batista con Fidel Castro *al frente,* una nueva era comenzó en Cuba. En los primeros meses emigró el grupo de los asociados al antiguo régimen y muchos de ellos vinieron a residir en este país. En 1960, cuando se iba haciendo más clara la nueva reestructuración social y política de Cuba de acuerdo con un sistema de filosofía marxista, empezó el éxodo de los cubanos hacia los Estados Unidos. El 3 de enero de 1961 durante el gobierno del Presidente Dwight Eisenhower, se rompieron las relaciones diplomáticas entre este país y Cuba. De 1959 a 1962 más de 155.000 cubanos entraron en los Estados Unidos, casi todos con visas temporales, y en 1966 se les permitió solicitar la residencia permanente en el país.

de jefe

Entre 1962 y 1965, a pesar de la suspensión de vuelos comerciales entre los dos países, unos 30.000 cubanos llegaron a los Estados Unidos, algunos en forma clandestina, otros a través de un tercer país tal como México o España. En diciembre de 1965 se abrió un nuevo puente aéreo entre Varadero, en Cuba, y Miami. En esos vuelos, que eran diarios, llegaron unos 257.000 cubanos a los Estados Unidos; el puente aéreo terminó en 1973.

Durante el resto de la década de 1970, muy pocos cubanos llegaron a este país. Finalmente, en abril de 1980 ocurrió un incidente en la Embajada del Perú en La Habana que provocó, primero, el asilo, y después, el éxodo, principalmente hacia los Estados Unidos, de más de 100.000 cubanos en menos de dos meses.

Como se puede apreciar, la inmigración cubana ha sido principalmente de carácter político, no económico. Entre los primeros grupos de asilados después

de 1959 se encontraban muchos profesionales, obreros especializados, *oficinistas*, etc. Más tarde, en los años del puente aéreo Varadero-Miami, vinieron también muchos *campesinos* y otras personas de origen humilde y sin gran preparación *docente*. El grupo de los «marielitos», como se ha llamado a los cubanos que abandonaron la isla en el éxodo de 1980 en *embarcaciones* que salían del puerto del Mariel, parece estar compuesto, en su mayoría, del mismo tipo de personas de extracción humilde y con poca preparación académica. Entre ellos hay un porcentaje bastante *elevado* de delincuentes que habían estado encarcelados en Cuba.

empleados de oficina

obreros de la agricultura; académica

barcos

alto

Para terminar se debe mencionar a otros grupos de inmigrantes tales como los dominicanos que son unos 300.000 sin contar los indocumentados, y que viven, sobre todo, en la ciudad de Nueva York. Igualmente hay miles de centro y suramericanos que han venido, legal o ilegalmente, a buscar empleo en los Estados Unidos o huyendo de persecuciones políticas. En la Florida, especialmente en Miami, hay un elevado número de negociantes de esos países que se han establecido allí. También hay grupos de españoles en diversos estados de la Unión, muchos de ellos

intelectuales y profesionales que inmigraron a los
Estados Unidos durante los años de la Guerra Civil en
España.[8] Todos estos inmigrantes alcanzan la cifra de
unos 20 millones y constituyen el tercer grupo en número, después de los caucásicos y los negros que no
son hispanohablantes. Esto convierte a los Estados
Unidos en el quinto país de habla española del mundo.

Los resultados del censo de 1980 han *arrojado* una   dado
cifra de 14 millones y medio de hispanos; a esto hay
que añadir el número aproximado de inmigrantes indocumentados y los 3.5 millones de puertorriqueños
que viven en la isla. Vea a continuación el mapa de
los Estados Unidos con la distribución de hispanohablantes por estado.

Ejercicios

I. *Preguntas de contenido.*

1. ¿Por qué es difícil saber cuántos mexicoamericanos hay aquí? *porque muchos han entrado ilegalmente*
2. ¿Qué eventos provocaron la inmigración mexicana a los Estados Unidos en las dos primeras décadas de este siglo?
3. ¿Cómo funcionaba el Programa de Braceros?
4. ¿Qué diferencia principal hay entre la inmigración mexicana y la puertorriqueña?
5. ¿Qué clase de inmigrantes puertorriqueños vinieron a los Estados Unidos en el siglo XIX? *Exiliados políticos*
6. ¿Qué influencia tuvo el auge de la aviación en la inmigración puertorriqueña? *Esto hizo aumentar el flujo migratorio.*
7. ¿En qué industria trabajaban algunos cubanos en los Estados Unidos en el siglo XIX? *la industria tabacalera*
8. ¿Cuál ha sido la causa principal del éxodo cubano hacia los Estados Unidos después de 1959? *tubo empeño la nueva reestructuración social y políticas como un sistema de filosofía marxista*
9. ¿Qué pasó en abril y mayo de 1980? *un incidente en la embajada del Perú en la Habana provocó el asilo y el éxodo de muchos cubanos*
10. ¿Qué otros grupos de inmigrantes hispanos hay en los Estados Unidos? *dominicanos, centro y suramericanos*
11. ¿Cuántos hispanos hay en los Estados Unidos según el censo de 1980? *14 millones y medio.*
12. ¿En qué estados hay más de un millón de hispanohablantes?
California, Texas y N.Y.

[8] Entre 1936 y 1939 hubo una guerra entre los españoles a favor y en contra del
gobierno republicano; alrededor de un millón de personas murieron en esa guerra.

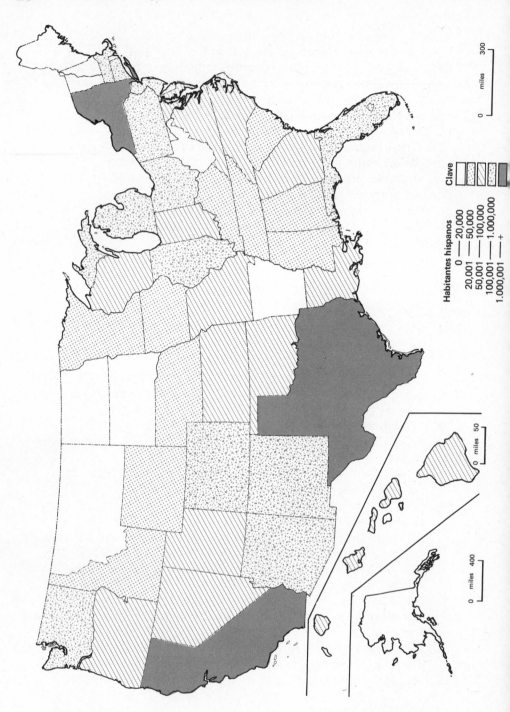

Clave

Habitantes hispanos

0 — 20,000	
20,001 — 50,000	
50,001 — 100,000	
100,001 — 1.000,000	
1.000,001 — +	

0   miles   300

0   miles   50

0   miles   400

U.S. Department of Commerce. Bureau of the Census. 1980 Census of Population. Spanish Origin Population.

Legend:
- From 1.000,001 +
- From 100,001 To 1.000,000
- From 50,001 To 100,000
- From 20,001 To 50,000
- From 0 To 20,000

State	Population	State	Population
California	4.543,770	Idaho	36,615
Texas	2.985,643	Tennessee	34,081
New York	1.659,245	South Carolina	33,414
Florida	857,898	Alabama	33,100
Illinois	635,525	Minnesota	32,124
New Jersey	491,867	Nebraska	28,020
New Mexico	476,089	Kentucky	27,403
Arizona	440,915	Iowa	25,536
Colorado	339,300	Mississippi	24,731
Michigan	162,388	Wyoming	24,499
Pennsylvania	154,004	Rhode Island	19,707
Massachusetts	141,043	Arkansas	17,873
Connecticut	124,499	District of Columbia	17,652
Washington	119,986	West Virginia	12,707
Ohio	119,880	Montana	9,974
Louisiana	99,105	Delaware	9,671
Indiana	87,020	Alaska	9,497
Virginia	79,873	New Hampshire	5,587
Hawaii	71,479	Maine	5,005
Oregon	65,833	South Dakota	4,028
Maryland	64,740	North Dakota	3,903
Kansas	63,333	Vermont	3,304
Wisconsin	62,981		
Georgia	61,261	TOTAL	14.605,883
Utah	60,302		
Oklahoma	57,413		
North Carolina	56,607		
Nevada	53,786		
Missouri	51,667		

II. *Vuelva a escribir estas oraciones, sustituyendo las palabras señaladas por sinónimos. Consulte las glosas.*

1. Viajar por *tren* resulta más *económico*.
2. *Fueron* al parque a ver qué había *pasado*.
3. Las personas *ricas sufren* pocas vicisitudes.
4. El *desarrollo* de la industria provocó la venida de los *trabajadores manuales*.
5. El *ilustre* político regresaba con frecuencia a su *vecindario*.
6. La profesión *académica* no paga salarios *altos*.
7. Los *empleados de oficina* consiguieron los *deseados* documentos.

III. *Familias léxicas. Escriba un nombre derivado de cada verbo en la lista. Después, escriba una oración empleando cada nombre.*

> **EJEMPLO** emigrar - *la emigración*
> **La emigración** *en masa se debe frecuentemente a causas políticas.*

1. continuar
2. industrializar
3. concentrar
4. colaborar
5. establecer
6. limitar
7. economizar
8. residir
9. sufrir
10. triunfar
11. suspender
12. abandonar

IV. *Preguntas para iniciar una conversación.*

1. ¿Tiene Ud. amigos hispanos? Descríbalos: su aspecto físico, su personalidad.
2. ¿Cree Ud. que hay grandes diferencias entre los inmigrantes hispanos y los inmigrantes no hispanos que viven en los Estados Unidos? Explique su respuesta.
3. ¿Puede Ud. resumir, sin mirar el libro, las características principales de la inmigración mexicana, puertorriqueña y cubana?
4. ¿Puede Ud. explicar, con sus propias palabras, las diferencias que hay entre la inmigración por causas económicas y la inmigración por causas políticas?
5. ¿Cuál es la diferencia entre *migrar, emigrar* e *inmigrar*? Desarrolle su respuesta y dé ejemplos.

V. *Composición dirigida. «Mis raíces».*

1. Explique de dónde vinieron sus antepasados, cómo llegaron a los Estados Unidos, dónde se establecieron, a qué se dedicaron.

2. ¿Celebran Uds. alguna fiesta conectada con su origen étnico? Descríbala.
3. ¿Ha visitado Ud. el país (los países) de sus antepasados o ha leído sobre ellos? Escriba lo que Ud. sabe de ese país (esos países).
4. ¿Cree Ud. que es importante conservar la cultura de su grupo étnico o no? ¿Por qué?
5. ¿Qué se puede hacer para conservar las tradiciones y costumbres de la familia? Dé algunas sugerencias.

El fin de una época de aislamiento hispano

Manuel Bustelo

El movimiento *aturde*, y se ha efectuado últimamente en tal medida que los hispanos de los Estados Unidos—todos nuestros 20 millones—casi pasamos por alto el *hito* importante: *Nos hemos despojado de nuestro aislamiento.*

    confunde

    objetivo;
    hemos terminado con

Esa es una declaración enérgica, pero la realidad nos ha llegado *repentinamente*. Somos de la familia. Reconozcámoslo, gritémoslo y regocijémonos en su verdad.

    de pronto

Durante siglos, la cultura hispana se extendió por sí misma sobre *la faz* del mundo, adaptándose, absorbiendo, ajustándose, manteniendo su posición por lo general. Se vio dividida gradualmente por cerca de dos docenas de fronteras políticas, periódicamente *retada* por el racismo y manipulada interminablemente, desde adentro y desde afuera, por los *codiciosos*. Resistió y sobrevivió a los peores ataques.

    la superficie

    amenazada

    avariciosos

Más recientemente, los hispanos de muchas naciones—la mayor parte de ellos mezclas con procedencia indígena o africana—se han visto atraídos o han sido llamados por los Estados Unidos, para compartir el mayor experimento democrático del mundo. Cada grupo de inmigrantes: del Caribe, la vecina México, el resto de las Américas o la España de origen, trajo sus *matices* y definiciones del hispanismo con él.

    variaciones

El conteo estadístico, *brindado* por el censo de los Estados Unidos para 1980, subdividió a los hispanos *de la tierra firme nacional:* mexicanos, el 60%; puertorriqueños, el 14%; centroamericanos y suramericanos, el 8%; cubanos, el 6% y los demás hispanos, el 12%. (Los porcentajes omiten a 3.2 millones de

    dado, ofrecido

    de los Estados Unidos continentales

La Opinión, Los Angeles, Calif., 25 de agosto de 1982, p. 5. (Adaptado)

puertorriqueños que se hallan en el Estado Libre Asociado insular de los Estados Unidos, donde yo nací.)

Sin duda que, en las generaciones más recientes, los Estados Unidos se han convertido en *un imán* cada vez más potente para los pueblos de las naciones culturalmente hispanas del mundo. Hay una representación significativa de cada uno de esos pueblos aquí actualmente.

una atracción, magnet

Por desgracia, estas emigraciones han exacerbado no solamente las ansiedades de muchos no hispanos que desean mantener la nación como depósito para la descendencia de los *peregrinos*, sino también las de nosotros, los hispanoamericanos, a medida que competimos por nuestra supervivencia y nuestra dignidad.

desafortunadamente

Pilgrims

El reencuentro consiguiente—un reencuentro cultural—empezó del mismo modo que comienzan la mayor parte de dichas reuniones: de manera extraña, con *bochornos y enfrentamientos* ocasionales.

vergüenzas y confrontaciones

Los siglos pueden hacerles eso hasta a los parientes más cercanos: los chicanos en contra de los españoles, puertorriqueños, dominicanos, cubanos, suramericanos y centroamericanos.

En el decenio de 1960, aquella década de revolución social en la que nacieron tantas de nuestras instituciones latinas en los Estados Unidos, nos mantuvimos ocupados dedicándonos a encontrar nuestras propias identidades de " origen nacional" y a escribir nuestros programas individuales de trabajo. El Gobierno Federal, con sus buenas intenciones de costumbre, estableció (por Orden Ejecutiva del *finado* presidente Lyndon B. Johnson) el Comité Inter-Dependencias sobre Asuntos Mexicanoamericanos. Al centrarse en un grupo y excluir a los demás, *avivó* nuestras diferencias, creando una fricción innecesaria.

muerto, fallecido

destacó, mostró más

La década de 1970 trajo el Comité Ministerial sobre Oportunidades para las Personas de Habla Hispana. El espíritu de la disposición era *loable*. Reuniría a los hispanos. Un mexicano-americano lo presidiría. Un puertorriqueño prestaría servicios como director ejecutivo. Un cubano-americano estaría a cargo de la información pública. Me acuerdo bien. *Me tocó*, en mi *calidad* de ayudante legislativo del Comisionado Residente de Puerto Rico en la Cámara de Represen-

plausible, que se debe aplaudir

me correspondió; puesto

tantes de entonces, redactar el proyecto de ley, definir su intención, y dar un nombre al grupo. En tiempos del presidente Nixon, el Comité se vio *desbaratado* por la disensión y los celos. Perdió *el respaldo* de todos los partidarios gubernamentales. Se destruyó a sí mismo.

destruido
el apoyo, la
protección

Por aquella época, varios de nosotros, que representábamos a distintos grupos latinos, decidimos establecer nuestro instrumento propio. Organizamos el Foro de Organizaciones Hispanas Nacionales (siglas en inglés FNHO). Practicando los mejores principios democráticos, establecimos gradualmente una relación basada en el respeto mutuo. Todos *estábamos al timón*. Empezamos a comunicarnos. Mientras fui el director ejecutivo del Foro Puertorriqueño Nacional, presté servicios como presidente del FNHO el año pasado y me sucedió este año David Montoya, un mexicano-americano de Colorado que dirige la organización *National Image*, grupo predominantemente occidental que ahora comienza a introducirse en el este.

mandábamos

A medida que trabajábamos para aumentar nuestra membresía hasta más de 30 organizaciones hispanas nacionales, otros grupos latinos venían duplicando el reencuentro hispano a los niveles locales y regionales. La acción recíproca en ciudades tales como Chicago y Washington, D.C., ha sido impresionante.

Dos experiencias personales recientes agregan a mi convencimiento que nuestro día de unidad ha llegado. El mes pasado, el Consejo Nacional de La Raza, con raíces en Tejas, decidió *agasajarme* en su convención de California, con su *Galardón* de la Raza para 1982. Después, la semana pasada se me invitó a ir a Los Ángeles para pronunciar el discurso principal en la primera Conferencia Nacional Anual de Medios de Comunicación en Español, auspiciada por la Asociación Chicana de Medios de Comunicación de California. Lo que empezó hace diez años a modo de grupo periodístico profesional chicano, tiene ahora tantos otros miembros latinos, que pronto tendría que cambiar su nombre o volver a escribir la definición de la palabra «chicano».

darme un
homenaje;
premio

Entre nosotros, estamos enfrentándonos con éxito al asunto del aislamiento.

Pero queda otro aislamiento que nos separa, al 8 por ciento hispano de la población nacional, social y económicamente, de su 92 por ciento no hispano. Tenemos la esperanza de que eso también *se derrita,*   desaparezca cuando la mayoría predominante esté dispuesta a aceptarnos como somos—valor cultural nacional que se prepara para servir a la nación con distinción en los siglos *que se avecinan.*   futuros

Ejercicios

I. *Complete estas oraciones con las palabras que faltan.*

1. Finalmente los hispanos se han despojado de su _____ .
2. La cultura hispana se había ido extendiendo por la tierra hasta que se vio dividida por casi veinticuatro _____ .
3. Muchos hispanos de muchos países han venido a vivir a _____ .
4. Según el censo de 1980, hay un _____ de personas de origen mexicano y un _____ de origen puertorriqueño.
5. Desafortunadamente, estos números tan elevados han exacerbado a muchos que no son _____ .
6. En la década de 1960 el presidente Johnson estableció _____ .
7. El Comité Ministerial sobre Oportunidades para las Personas de Habla Hispana se desmanteló en tiempos del _____ .
8. El Foro de Organizaciones Hispanas Nacionales representa a _____ .
9. En 1982, el autor del artículo recibió _____ .
10. El autor cree que todavía existe un aislamiento que separa a los hispanos de _____ .

II. *Diga de cada oración si es verdadera o falsa. Corrija las falsas, escribiendo un breve comentario sobre cada una.*

1. Según el autor del artículo, la mayor parte de los hispanos que vienen a vivir a los Estados Unidos son de ascendencia india y negra, además de española.
2. La cifra total del censo incluye a los puertorriqueños que viven en la isla y que suman casi un millón.
3. El autor de este artículo es cubano.
4. Todos los hispanos que viven en los Estados Unidos se han tratado siempre como miembros de una misma familia.

5. La década de 1960 fue muy importante para la búsqueda de la identidad nacional de cada grupo étnico.
6. El autor de este artículo ha pertenecido a organizaciones hispanas en los Estados Unidos.
7. La Asociación Chicana de Medios de Comunicación de California solamente tiene miembros de origen mexicano.
8. El Sr. Bustelo espera que algún día se acepte a los hispanos como un verdadero valor cultural nacional en los Estados Unidos.

III. *Complete cada oración con una de las expresiones que aparecen a continuación.*

por desgracia	te toca
aturde	estamos al timón
se despojaron	desbaratada
el respaldo	repentinamente

1. A ti _____ leer ahora el artículo del periódico.
2. _____ todavía existe el racismo en el mundo.
3. Finalmente ellos _____ de sus problemas.
4. Apaga el televisor; el ruido me _____ .
5. En este comité todos tenemos algo que hacer; todos _____ .
6. A causa de la ambición y los celos, la asociación se vio _____ .
7. Me dio la noticia _____ , sin darme tiempo a entenderla.
8. El Foro Puertorriqueño Nacional tenía _____ del gobierno.

IV. *Preguntas para iniciar una conversación.*

1. ¿Por qué cree Ud. que los hispanos han estado aislados unos de otros? Explique su respuesta.
2. ¿Qué atracción tienen los Estados Unidos para los inmigrantes hispanos?
3. ¿Por qué fracasaron esos comités creados durante los gobiernos de los presidentes Johnson y Nixon?
4. ¿Qué ventajas tiene, para los diferentes grupos hispanos de los Estados Unidos, el estar unidos?
5. ¿Está Ud. de acuerdo con la teoría del «melting pot»: una asimilación total de los distintos grupos étnicos? Explique y desarrolle su respuesta.

V. *Composición dirigida. «Los Estados Unidos: crisol de razas».*

1. ¿Son los Estados Unidos un verdadero crisol de razas? Desarrolle brevemente su contestación.
2. ¿Cuáles son las ventajas y desventajas de la teoría del «melting pot»?

3. ¿Cuáles son las ventajas y desventajas de mantener cierta separación entre los diversos grupos étnicos?
4. La teoría del «melting pot», ¿es o no una utopía, algo imposible de alcanzar quizás? Explíquese.
5. En su caso personal, ¿trata Ud. de asimilarse a todo lo que la sociedad impone o es Ud. poco convencional? Dé una respuesta en el contexto del «melting pot», a favor o en contra.

Don Tomás Vernes

Sabine R. Ulibarrí

Mucho antes de mi tiempo, por allá por la última parte del siglo pasado, llegó Tom Vernes a Tierra Amarilla. Tierra Amarilla entonces era plena tierra de frontera. Hacendados ricos, *forajidos*, indios rebeldes. La ley y el orden estaban muy lejos en Santa Fe. Tierra silvestre y rebelde. Abandonada primero por España, después por México y ahora por los Estados Unidos. Sola y suya, siempre, siempre independiente.

bandidos

Según entiendo Tom Vernes vino como *abastecedor* de las tropas del nuevo gobierno. Tenía que abastecer a las tropas con carne y demás *víveres* y todo lo necesario.

proveedor, purveyor

alimentos, mercancías

El valle de Tierra Amarilla era amplio y limpio, rodeado de altas y soberbias sierras. Tierra verde abundante en *pasto*, agua y *caza*. Abundaba también en ganado *cimarrón* (reses y caballos). Según la ley del

hierba; animales para atrapar; salvaje

Primeros encuentros (Ypsilanti, Michigan: Bilingual Press/Editorial Bilingüe, 1982), pp. 49–55. (Adaptado)

campo todo animal *primal* sin marca pertenece al que le ponga su lazo y su marca. Así hicieron su fortuna *más de cuatro*.

en su primer año de vida; muchas personas

Para un joven aventurero con ilusiones de establecer un imperio y formar una dinastía ésta era la tierra prometida. La falta de gobierno, un pueblo confundido con nuevas leyes que no entendían y una moral elástica lo prometían todo. Estaba «*la res caída*» como todavía dicen en Tierra Amarilla.

la situación propicia

Tom Vernes miró, *caló*, le gustó y se quedó. Lo primero que hizo el guapo y *campechano* forastero fue *cortejar*, ganarse y casarse con una hermosa nuevomexicana de las mejores familias. Así se ganó la buena voluntad y la confianza de la gente.

comprendió el valor de la situación; afable; enamorar

Dicen que mientras fue abastecedor de las tropas se llenaba la blusa de liberales porciones de las provisiones de la república USA. Yo no sé nada de eso. Lo que sí es verdad es que llegó con un capitalito. Abrió un comercio. Trajo mercancías como nunca se habían visto por allí.

Otra cosa que hizo es abrirle crédito al mundo entero. Esto nunca se había visto. Esto le daba categoría a la gente. Claro que sabía cobrar. Un terreno por acá, unas vacas o caballos por allá, mano de obra por el otro lado. Era generoso en exceso. *Una palmada* en la espalda. Un regalito aquí, otro allí. Su español era impecable. La gente empezó a llamarle «don Tomás», o «don Tomás Vernes» con todo cariño y con todo respeto.

un golpecito con la palma de la mano

El hijo nació y se crió entre y con el pueblo. Fue uno de ellos. Era tan guapo como su padre. La gente le decía «Tomasito». Fue bilingüe desde el primer momento. Funcionaba tan *a gusto* en el mundo de su padre como en el mundo de su madre. Ya de adolescente conocía *a fondo* los múltiples negocios de su padre. *Se desempeñaba* con el mismo estilo, el mismo talento de su padre. Al fin y al cabo era Tom Vernes II. De tales padres, tales hijos.

contento

muy bien

se desenvolvía, se comportaba

Cuando llegó su tiempo su padre lo envió a una universidad del Este. Volvió más guapo que nunca, más maduro y más elegante. Los negocios de su padre lo llevaron a la Ciudad de México. Allá conoció a una bella dama de la alta sociedad mexicana. Se quisieron. Se casaron. Se la trajo a Tierra Amarilla.

Cuando el padre murió la gente automáticamente le cambió el nombre de «Tomasito» a «don Tomás». El hijo siguió las normas y las prácticas de su padre. Crédito para todos. El cobro como antes: terrenos, *ganado*, mano de obra. Compra de terrenos con impuestos atrasados. Compra de hipotecas, hábil manipulación de *agrimensores*. Abrió un banco. Las ganancias de la tienda y del banco, *las propiedades*, el ganado, las inversiones, todo iba en el ascenso. Todos, ricos y pobres, cada uno a su manera, le iban *amasando* a don Tomás una gran fortuna.

reses

surveyors
edificios y casas que uno posee; acumulando

Cuando yo aparecí en la historia de Tierra Amarilla ya don Tomás era *cincuentón*. Era robusto, alegre y amable en todo sentido. Se había ganado la confianza de todo el mundo.

tenía alrededor de cincuenta años

Había ahora otro «Tomasito», Tomás Vernes III, y dos hermanas menores, María Teresa y Maribel. Una hermosa familia. Ya eran *cuarterones*. La mezcla de sangres había dado muy buenos resultados.

mestizos

Crecimos más o menos juntos. Es decir, durante los veranos. Por alguna razón doña Teresa y los hijos vivían en la ciudad de Denver. Don Tomás vivía en Tierra Amarilla. La gente decía que tenían una verdadera mansión allí, y *no hay por qué* dudarlo. Don Tomás tenía *un ama de llaves* que era una bendición de Dios. Pobrecito. Vivir solo es tan duro. Claro que la gente decía que la encantadora señora era su dama de cama también. Pero no hay que creer todo lo que dice la gente.

no hay razón para; una sirvienta

Nunca se supo el por qué de la forzada separación. Pudo haber sido que doña María Teresa, dama aristocrática de la gran ciudad, encontró la vida de pueblo demasiado aburrida. Tal vez era preocupación por la educación de los niños. Tal vez falta de comodidades. Quién sabe.

La familia venía los veranos. Tomasito y yo nos pasábamos *la temporada* en el campo con el ganado. Lazando, *herrando, capando*. Pescando *de tardeada*. Volviendo al pueblo el sábado bien tarde para el baile de esa noche, con el pretexto de ir a misa el domingo por la mañana. Su mamá y la mía nos creían. Su papá y el mío sólo sonreían. Tom Vernes, el tercero, era *un hispano de primera*.

vacaciones
shoeing the horses, and castrating the cattle; por la tarde
un completo hispano

La tienda de don Tomás era ya una verdadera empresa. La planta baja era inmensa. Allí había de todo, desde las provisiones y herramientas para el ganadero y el labrador hasta los artículos más exquisitos para la clientela elegante.

Las oficinas de don Tomás ocupaban un segundo piso. Desde allí don Tomás podía vigilar su imperial imperio a través de *unas tremendas vidrieras*. Sólo bajaba cuando entraba en la tienda alguien que él quería ver.

unos cristales muy grandes

A mí me gustaba ir a la tienda con mi madre o mi padre. De pronto aparecía «el Viernes» (así le decían). Afable y gentil. Él mismo atendía. *Castañeteaba los dedos*. Ponía a todo el personal en movimiento. Le traían a mi madre muestras de todo para escoger. Cuando volvíamos a casa siempre encontrábamos entre *los bultos* un regalo para mi madre: una caja de chocolates, alguna chalina o bufanda de seda o de lana.

snapped his fingers

los paquetes

Yo celebraba estas visitas. En el centro de la tienda había un barril lleno de *Carter's Little Liver Pills*. Siempre me tomaba de una oreja, me llevaba al barril y me escondía un dólar de plata entre las fundas de píldoras. Allí me pasaba yo una buena hora bien ocupado tratando de encontrar la bendita moneda. Cuando yo entraba en la tienda solo, don Tomás no aparecía, quién sabe por qué. Ya yo lo sabía.

En esos días los ganaderos pagaban sus cuentas en la tienda dos veces al año: en junio después de la venta de la lana, y en octubre después de la venta de *borregos y becerros*. Entre esos dos puntos los hábiles lápices del contador de don Tomás sumaban. La suma era gorda. Casi nadie se quejaba. *Al fin y al cabo*, el servicio recibido valía algo por encima del valor de las mercancías. La verdad es que si alguna vez alguien reclamaba un error en su cuenta don Tomás le daba la razón, aceptaba su reclamo de inmediato. Llamaba a don Elizardo, su contador, y *le daba una fuerte regañada* delante del cliente. (Pobrecito don Elizardo, él siempre *pagaba el pato*.) El cliente se quedaba *con una cierta fosforescencia placentera*. ¡Qué hombre tan fino era don Tomás!

los hijitos de las ovejas y las vacas

después de todo

lo regañaba mucho

recibía las culpas; muy contento

La rueda de la vida y de la fortuna siempre rueda. Nunca deja de rodar. Crecimos. Tomasito siguió cierto camino a cierta universidad. Yo seguí otro camino a otra. Allá en la sierra quedó nuestra juventud envejecida o muerta.

Ya lejos de mi tierra supe que don Tomás murió. Tomasito abandonó la universidad y se encargó de los múltiples negocios heredados y de la familia. El antiguo sueño de una dinastía y de un imperio de aquel extranjero abuelo se había cumplido en el suelo y bajo el cielo de Nuevo México. El último don Tomás era el más bueno y el más noble de los tres. Un nuevo mexicano *cabal.*

perfecto

Supe más tarde que Tom Vernes III murió en un accidente de automóvil. No dejó heredero. La tienda siguió algún tiempo bajo un administrador. Pronto *se desplomó* por falta de corazón. Los ganados desaparecieron. Las tierras se vendieron. Todo se acabó. Allí están todavía en Tierra Amarilla los blancos huesos de la casa *solariega* y de la tienda de frontera de los Viernes.

se cerró

antigua, que pertenece a una familia por generaciones

Se apagó el claro sueño de un día. También las estrellas se caen de los cielos. Se secan los ríos. Se mueren los pinos. Mas los buenos recuerdos no acaban y no se mueren.

Ejercicios

I. *Preguntas de contenido.*

1. ¿Cómo era Tierra Amarilla a fines del siglo XIX?
2. ¿Quién era el primer Tom Vernes?
3. ¿Qué fue lo primero que él hizo al establecerse en Tierra Amarilla?
4. ¿Qué tipo de negocio empezó Tom? Descríbalo.
5. ¿Quién era Tomasito Vernes y a qué se dedicaba?
6. ¿Puede Ud. mencionar los nombres de la esposa y de los hijos de Tomás Vernes II?
7. ¿Por qué estaban separados Tomás y su esposa?
8. ¿Qué relación existía entre Tomasito Vernes III y el narrador de este cuento?
9. Describa la tienda de Tomás Vernes II.
10. ¿Cómo obtenía un dólar de plata el narrador del cuento cuando era niño?
11. ¿Qué hacía don Tomás Vernes II cuando alguien reclamaba un error en las cuentas de la tienda?
12. ¿Cómo terminó sus días Tom Vernes III y qué pasó con la tienda?

II. a. *Escriba una oración original con cada una de las siguientes expresiones y palabras del cuento. Traduzca cada oración al inglés.*

1. antes de mi tiempo
2. según entiendo
3. la tierra prometida
4. lo primero que
5. estar a gusto
6. conocer a fondo
7. la vida de pueblo
8. la planta baja
9. los borregos y becerros
10. quejarse

b. *Averigüe de qué palabras españolas están derivadas éstas que se usan en inglés.*

1. *calaboose*
2. *canyon*
3. *chaps*
4. *cockroach*
5. *desperado*
6. *incommunicado*
7. *hoosegow*
8. *lariat*
9. *molasses*
10. *palaver*
11. *quadrille*
12. *ranch*
13. *sherry*
14. *stampede*
15. *vamoose*

III. *Escriba la palabra o frase que corresponde a cada definición. Todas están en el cuento.*

1. Cien años. _____
2. Los habitantes nativos de las Américas. _____
3. País al sur del Río Grande. _____
4. Sinónimo de *montañas.* _____
5. Familia en la que el poder pasa de una generación a otra. _____
6. Cuerda que se usa para atrapar ganado cimarrón. _____
7. Sinónimo de *extranjero.* _____
8. El que tiene entre trece y veinte años. _____
9. Bien vestido. _____
10. Sinónimos de *fuerte, feliz* y *bondadoso.* _____
11. Casa muy grande y lujosa. _____
12. Piso de un edificio al nivel de la calle. _____
13. Conjunto de empleados. _____
14. Lo que se usa para abrigar el cuello. _____
15. Sinónimo de *bolsitas* (como para guardar píldoras, caramelos, etc.). _____
16. Persona que lleva las cuentas en una empresa. _____
17. Sinónimo de *equivocación.* _____
18. Época en que uno es joven. _____
19. Sinónimo de *carro.* _____
20. Astros que brillan con luz propia. _____

IV.   *Preguntas para iniciar una conversación.*

1. ¿Le gustan a Ud. las películas de vaqueros e indios (los oestes)? ¿Puede Ud. explicar qué ocurre generalmente en esas películas?
2. ¿Sabe Ud. qué es una dinastía? ¿Puede mencionar alguna dinastía importante en la historia mundial? ¿Conoce Ud. alguna dinastía de estos tiempos? ¿Conoce el programa de televisión *Dynasty*? Explique su respuesta.
3. ¿Puede Ud. describir a Tomás I, II y III sin mirar el cuento? ¿Qué hizo cada uno?
4. ¿Puede Ud. describir una tienda de departamentos? ¿Qué venden en cada piso?
5. El narrador del cuento, de pequeño, conseguía un dólar de plata cuando visitaba la tienda de don Tomás Vernes II. ¿Puede Ud. contar cómo conseguía Ud. su dinero cuando era niño (niña)?

V.   *Composición dirigida. «Las películas de vaqueros».*

1. ¿Por qué, o por qué no, le gustan a Ud. las películas de vaqueros?
2. Escriba un párrafo describiendo una película de vaqueros «típica».
3. Explique en qué se parecen las películas de vaqueros a las películas de policías y bandidos.
4. ¿Cree Ud. que en algunas películas de vaqueros se expresan prejuicios contra los indios americanos? Desarrolle su respuesta.
5. Explique por qué Ud. cree que las películas de vaqueros han perdido popularidad hoy día.

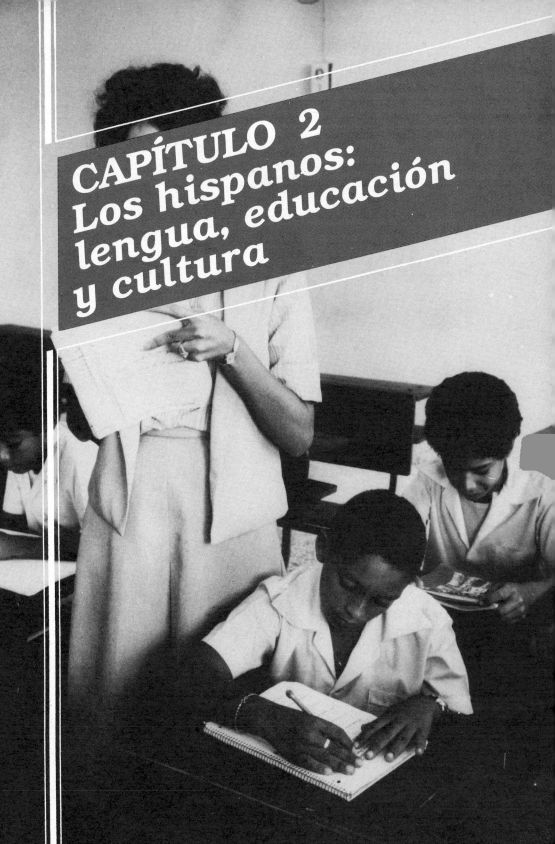

CAPÍTULO 2
Los hispanos:
lengua, educación
y cultura

Algunos datos sobre el tema

En un estudio reciente llevado a cabo por la Comisión de Derechos Civiles de los Estados Unidos sobre la educación de los mexicoamericanos, se llegó a la conclusión de que las escuelas chicanas tendían a tener *presupuestos* más bajos por alumno que las demás escuelas del país; también eran inferiores en cuanto a los materiales de que disponían y al número y calidad de sus empleados. Este estudio declaró que los chicanos, en diversos momentos históricos, han sido víctimas de la segregación en lo referente a su educación. En bastantes casos, los niños chicanos han sido incorrectamente asignados por algunos administradores escolares, a clases para *retrasados* mentales. También parece ser que los consejeros vocacionales han tratado de interesarlos en *oficios* más que en profesiones. Según ese estudio, muchos chicanos

budgets

retardados

trades

La mayoría de los datos que aparecen en el ensayo siguiente están tomados de Stephan Thernstrom, ed., *Harvard Encyclopedia of American Ethnic Groups* (Cambridge: The Belknap Press of Harvard University Press, 1980), pp. 259, 260, 283, 713, 863. Esta enciclopedia se usó como referencia.

38

que asisten a la escuela secundaria no llegan a graduarse; aún menos terminan la educación universitaria.

El caso del puertorriqueño no es muy distinto. Su nivel educativo es bastante más bajo que el nivel americano general y no muchos terminan los estudios universitarios básicos (*college*). Lo más alarmante es la cantidad de estudiantes puertorriqueños que abandonan sus estudios (*dropouts*), tanto al nivel secundario como al nivel universitario. Parece ser que la situación ha mejorado bastante, principalmente en Nueva York, donde gracias a la nueva política de admisión (*open admissions policy*) de la Universidad de la Ciudad (*City University of New York*), un elevado número de puertorriqueños se ha matriculado en los últimos años para cursar estudios superiores.

De acuerdo a un informe de la Comisión de Derechos Civiles, la discriminación ha jugado un papel importante en esas dificultades por las que han atravesado estos ciudadanos. Como había sucedido en el caso de los chicanos, también muchos niños puertorriqueños terminaron colocados en clases especiales para retrasados mentales. En este caso, la enseñanza bilingüe ha constituido un esfuerzo importante para ayudar a esos niños.

Se debe mencionar la creación de la Universidad Boricua que cuenta con dos *recintos*, uno en Washington y otro en Nueva York; no sólo *se imparte* en ella la enseñanza académica general, sino que también *se hace hincapié en* todo tipo de investigación referente a asuntos de Puerto Rico. En un gran número de *colleges* neoyorquinos existen programas de estudios puertorriqueños; también hay una asociación de profesores y otras de estudiantes boricuas.

campos
se ofrece

se da énfasis a

Los cubanos generalmente no han tenido que pasar por esas vicisitudes. Tratándose de un grupo más reciente de inmigrantes, muchos llegaron a los Estados Unidos después de haber recibido grados académicos en Cuba. Por ser refugiados políticos, el gobierno federal creó un programa de préstamos a estudiantes cubanos que les facilitó la adquisición de estudios universitarios. Como resultado, más de la mitad de los cubanos mayores de veinticinco años han completado la enseñanza secundaria y muchos también son graduados de universidad. Un dato curioso es que un número considerable de cubanos son profesores de *college*, mayormente en los Departamentos de Español. Hay diversas asociaciones y publicaciones que se ocupan de llevar a cabo investigaciones sobre distintos aspectos de la cultura cubana. En el área de Miami existen escuelas cubanas, algunas religiosas y otras *laicas*, que tienen programas bilingües para sus alumnos y ofrecen cursos especiales de historia y geografía de Cuba, entre otros.

> que no son religiosas

En cuanto a otros grupos de hispanos en los Estados Unidos, es poco el estudio que se ha *realizado* con respecto a la educación. Parece ser que los dominicanos también se interesan en ofrecerles a sus hijos una buena formación académica y que frecuentemente se sacrifican para enviarlos a escuelas parroquiales en vez de públicas. En el área de Nueva York, estas últimas *suelen tener* mala reputación. Los dominicanos ven en la educación de los jóvenes un paso hacia adelante para avanzar en la escala social y económica.

> hecho

> generalmente tienen

Ejercicios

I. *Preguntas de contenido.*

1. ¿Cómo se llama la comisión que ha estudiado las escuelas chicanas?
2. ¿Qué conclusiones se obtuvieron de ese estudio?
3. ¿Qué problemas han tenido los puertorriqueños con referencia a su educación?
4. ¿Cómo se ha mejorado esta situación en Nueva York?
5. ¿En qué casos ha ayudado la educación bilingüe a los niños hispanos?
6. ¿Qué es la Universidad Boricua?
7. ¿Por qué los cubanos han tenido menos problemas con su educación?
8. ¿Qué tipo de escuelas hay en Miami y sus alrededores?
9. ¿Qué hacen los dominicanos para mejorar la educación de sus hijos?
10. ¿Qué significa la educación para los hispanos dentro de la sociedad norteamericana?

II. *Sustituya las palabras señaladas por antónimos. Búsquelos en el ensayo.*

1. Se trata de un estudio *antiguo*.
2. Los presupuestos para esas escuelas son más *altos*.
3. Los asignaron a sus clases *correctamente*.
4. Muchos *empiezan* la educación universitaria.
5. El caso del puertorriqueño es *igual*.
6. Creo que la situación ha *empeorado*.
7. En los *primeros* años suelen tener problemas.
8. Tenían *conocimiento* de la lengua inglesa.
9. En un *pequeño* número de instituciones se estudia la cultura puertorriqueña.
10. Algunos vinieron *antes* de haber terminado sus estudios.
11. Eso les *complicó* la adquisición de una carrera.
12. Hay escuelas *laicas* que tienen programas bilingües.

III. *Escriba la palabra o frase a la que corresponde cada definición. Todas las palabras aparecen en el ensayo.*

1. Cantidad de dinero con la que cuenta una institución para poder funcionar. _____
2. Personas cuya capacidad intelectual está por debajo de su edad. _____
3. Aprendizaje que se lleva a cabo en dos lenguas. _____
4. Personas que se mudan de un país a otro por razones económicas o políticas. _____
5. Cantidad de dinero que se da a una persona esperando que la devuelva. _____
6. Personas que se dedican a aconsejar a los niños y jóvenes sobre la carrera que deben estudiar. _____
7. Terminar los estudios y obtener un grado académico. _____
8. Actitud por la cual se da un trato inferior a una persona o a un grupo. _____

IV. *Preguntas para iniciar una conversación.*

1. ¿Puede Ud. resumir este ensayo con sus propias palabras y sin mirar el libro?
2. ¿Prefiere Ud. las escuelas públicas o las privadas? ¿Por qué?
3. ¿Qué ventajas (o desventajas) tiene estudiar una profesión en vez de un oficio?
4. ¿Qué remedios propone Ud. para reducir el número de estudiantes que abandonan sus estudios (*dropouts*) al nivel secundario y al universitario?

5. ¿Qué opina Ud. de los programas de estudios puertorriqueños, de estudios africanos, asiáticos, etc.? ¿Cuál es el propósito de estos programas y qué resultados dan, en su opinión?

V. *Composición dirigida. «La enseñanza pública versus la enseñanza privada».*

1. Explique a qué tipo de escuelas primaria y secundaria asistió Ud.
2. Comente sobre los aspectos positivos y negativos de la educación que Ud. recibió allí.
3. Si Ud. tiene hijos (o cuando los tenga), ¿qué tipo de escuela desea Ud. para ellos y por qué?
4. ¿Enviará Ud. a sus hijos a una universidad privada o estatal? Explique sus motivos.
5. Resuma brevemente las ventajas y desventajas de la enseñanza pública y de la privada.

La lengua española en los Estados Unidos

Ernesto Barnach Calbó

La tendencia a no permitir la utilización de las lenguas extranjeras como medio de instrucción en la escuela, *si bien* ha sido predominante y ha afectado a todos los grupos minoritarios en mayor o menor medida, fue particularmente *acusada* con respecto al español. La imposición del inglés como única lengua escolar se reflejaba, por ejemplo, en que en *numerosos colegios* del suroeste se castigaba a los niños hispanohablantes por hablar en su idioma y con frecuencia se les *remitía* a clases especiales para retardados, al no poder seguir los estudios como normalmente lo hacían los alumnos anglohablantes. Todavía en fecha tan avanzada como la de 1972 de 5,800 colegios en el suroeste, la tercera parte desconsejaba el uso del español no sólo en el aula sino durante el recreo.

Lo cierto es que no siempre se prohibieron las lenguas extranjeras en las escuelas. Durante la época colonial su utilización fue la regla en los colegios parroquiales, como consecuencia del llamado «regionalismo religioso», asociándose la conservación del idioma al de la religión, como fue el caso por ejemplo de alemanes, eslavos, franceses, polacos y escandinavos. Muchos de estos colegios se conservaron después de la independencia, así como otros de carácter privado en los que junto al inglés se mantenía la lengua *propia*. Los alemanes lograron establecer la instrucción bilingüe alemán-inglés incluso en algunos colegios públicos a partir de 1840 y de hecho la mantuvieron hasta 1917. Al analizar éstas y otras excep-

aunque

señalada, exagerada

numerosas escuelas

enviaba

materna

«La educación bilingüe hasta 1968. Discriminación del español en la escuela,» en *La lengua española en Estados Unidos*, Barnach Calbó, Ernesto. (Madrid: Oficina de Educación Iberoamericana, 1980), pp. 101–102. (Adaptado)

ciones, Arnold Leibowitz[1] llega a la conclusión que la
imposición del inglés como lengua exclusiva de instrucción en el sistema escolar no se basó en criterios
educativos, es decir, en la mayor o menor facilidad de
los estudiantes en aprender en su propio idioma, ni
siquiera en su propio deseo, a veces claramente ma-
nifestado, de aprender el inglés para mejor integrarse,
sino en razones políticas. Por lo general, el bilingüismo escolar se ha prohibido cuando existía *animadversión* hacia un grupo étnico determinado por
considerarlo contrario al sistema de vida americano
(por motivos de raza, color o religión) y permitido
cuando tal prevención no se produjo. Lo que puede
explicar la fuerte discriminación contra el español ya
que durante mucho se ha considerado a la población
de origen mexicano, dada su «alta visibilidad» cultural
y racial (dentro de cuyo último concepto hay que incluir el color de la piel), como una minoría excesiva-
mente diferenciada y por tanto prácticamente *inasi-
milable.*

> prejuicio, discriminación

> imposible de asimilar

El hecho es que hasta la Primera Guerra Mundial
existió un clima, si no de abierta aceptación respecto
al uso de las lenguas extranjeras en la escuela, sí al
menos de cierta tolerancia, resultado de la presión
ejercida por las minorías étnicas. En concordancia,
como hemos visto, con la legislación general más bien
propicia al español, éste se permitió casi siempre en
Nuevo México a pesar de que eso produjo a menudo
efectos segregacionistas; en el sur de California, en
donde *surgieron* colegios bilingües hasta fines del
siglo, y en Texas hasta que las inmigraciones tanto
de mexicanos como de «anglos» procedentes del sur
provocaron tensiones fuertes que hicieron difícil la
convivencia entre ambos grupos.

> favorable

> aparecieron

En cambio, en el período de 1913–1923 el número
de estados que aprobaron leyes imponiendo *taxativamente* el uso exclusivo del inglés en las escuelas
públicas e incluso en las privadas se duplicó alcan-
zando la cifra de treinta y cuatro. A partir de los años
sesenta, coincidiendo con la legislación sobre educación bilingüe, la tendencia se ha invertido. Sólo veinte
conservaban disposiciones prohibitorias en tal sentido en 1971 y únicamente siete según el último re-

> categóricamente

[1] Arnold Leibowitz es un conocido sociolingüista norteamericano contemporáneo.

cuento recibido, en 1978. De hecho, incluso en estos
estados las disposiciones legales no se ejercen al no
impedir en la práctica la utilización de la educación
bilingüe.

* * *

«*La liga nacional defensora del idioma español.*»

En marzo de 1973 se estableció la primera organización en los Estados Unidos de América dedicada a la
defensa y mantenimiento del idioma español como
idioma del pueblo. Es la Liga Nacional Defensora del
Idioma Español. Su fundación se debió a la iniciativa
de un comité provisional fundador de veinticinco personas, representativas de los grupos principales de
hispanohablantes en el país: trece chicanos (mexica-
nonorteamericanos), seis puertorriqueños, cuatro cubanos y otros dos *hispanófilos.*

personas
interesadas
en todo lo
hispano

No es una organización académica, sino que el enfoque principal de sus actividades es el empleo y el
prestigio del español más allá de las aulas escolares y
universitarias. Tampoco es anti-académica y decidi-

En Ernesto Barnach Calbó, *La lengua española en Estados Unidos* (Madrid: Oficina
de Educación Iberoamericana, 1980), pp. 137–138. (Adaptado)

damente no es anti-intelectual, pero no se interesan
sus miembros directamente ni por las *jergas calle-*
jeras que se hablan en este país, ni por la obligación—
un poco ilusoria dada la extensión del *analfabe-*
tismo—de limpiar, fijar y darle esplendor a esa lengua. El fin de la Liga es a la vez más sencillo y más
profundo: despertar en los hispanohablantes una visión de su idioma como símbolo precioso de su modo
de ser humano.

lenguas
populares, de
la calle; no
saber leer ni
escribir

Objetivos

a. Trabajar a fin de aumentar por todos los medios
posibles el empleo y el prestigio del español en todas
las esferas de la vida personal y pública del país.

b. Lograr que se establezca entre el inglés y el español una relación de estabilidad permanente en la
que se reconozcan, respecto a la vida de quienes los
hablan, los distintos dominios de cada uno de los dos
idiomas.

Ejercicios

I. *Complete estas oraciones con las palabras que faltan.*

1. Hace algunos años, en muchos colegios del suroeste se castigaba
   a los niños hispanos cuando _____ .
2. Durante la época colonial se llamaba «regionalismo religioso»
   a _____ .
3. Alrededor de 1840 los alemanes _____ .
4. El autor de este artículo opina que la prohibición del bilingüismo
   escolar se debe a _____ .
5. La frase «alta visibilidad cultural y racial» con respecto a los
   mexicoamericanos significa _____ .
6. En las escuelas de Nuevo México, California y Texas a fines del
   siglo XIX y principios del XX _____ .
7. Entre 1913 y 1923 _____ .
8. La legislación sobre educación bilingüe apareció en _____ y
   tuvo los siguientes resultados: _____ .
9. En 1973 se estableció _____ .
10. Esa organización fue fundada por _____ .
11. Los propósitos generales de esa liga son: _____ .
12. Como resumen de los dos objetivos principales de la liga, se debe
    decir que _____ .

II. *Diga de cada oración si es verdadera o falsa. Corrija las falsas, escribiendo un breve comentario de cada una.*

T 1. La tendencia a prohibir el bilingüismo escolar ha sido en general más fuerte con respecto al español.

T 2. Siempre se permitió hablar español en las escuelas durante el recreo.

F 3. En la época colonial, todas las escuelas parroquiales eran exclusivamente anglohablantes. *Habla la lengua de la religión.*

T 4. Arnold Leibowitz cree que la imposición del inglés como la única lengua de instrucción se basó en criterios políticos, no educativos.

T 5. Antes de la Primera Guerra Mundial, la actitud hacia el bilingüismo era más tolerante.

F 6. La educación bilingüe se estableció oficialmente en 1971.

F 7. La liga defensora del español quiere mantener el uso de esta lengua en los niveles académicos solamente.

T 8. Tanto los chicanos, como los puertorriqueños y los cubanos han formado parte del comité fundador de la liga.

T 9. La liga defensora del español cree que los hispanohablantes deben sentirse orgullosos de su lengua.

T 10. Este organismo espera hacer del español la segunda lengua oficial de los Estados Unidos, además del inglés.

III. *Escriba tres palabras pertenecientes a la misma familia léxica de cada nombre de esta lista. Escoja una para escribir una oración completa.*

EJEMPLO la educación—*educado, educar, educativo*
*Rodolfo es un muchacho muy bien **educado** y de muy buenos modales.*

1. el hispano
2. la lengua
3. la escuela
4. la calle
5. el grupo
6. la raza
7. el número
8. el color

IV. *Preguntas para iniciar una conversación.*

1. ¿Sabe Ud. qué es la educación bilingüe? Explique su respuesta.
2. ¿Está Ud. a favor o en contra de la educación bilingüe? ¿Por qué?
3. ¿Puede Ud. mencionar cinco países multilingües? ¿Qué lenguas se hablan en esos países?
4. ¿Cree Ud. que el hablar más de una lengua es beneficioso o no? Explique por qué.
5. ¿Puede Ud. predecir el futuro de la lengua española en los Estados Unidos alrededor del año 2,080? Desarrolle su respuesta.

V. *Composición dirigida. «Los Estados Unidos en el siglo XXI».*

1. ¿Cómo cree Ud. que será la vida en los Estados Unidos en el siglo XXI?
2. ¿Cuáles serán los grupos étnicos mayores? ¿Dónde estarán localizados?
3. ¿Será este país una nación bilingüe o no? Explique su respuesta.
4. ¿Cómo serán las escuelas estadounidenses en el siglo XXI? ¿Cree Ud. que los niños aprenderán por medio de computadoras? ¿Desaparecerán los maestros?
5. ¿Cuáles serán las profesiones y los oficios más populares durante el siglo XXI? ¿Por qué?

Meditaciones: El ser bilingüe
Luis Dávila

A *expensas del* español, ¿cuántos millones de hombres hablaremos un poquito de inglés? La profética *advertencia* de Darío[1] parece haberse cumplido, acá de este lado. Quizá así se esperaba, pero de todos modos duele. Y el sueño cósmico de Vasconcelos[2] tampoco se realizó. Las razas y las culturas no llegaron a *fundirse* ni por allá, ni por acá. El mestizaje cultural poco pudo *prender*. Sin embargo, algunos *ilusos* todavía creemos que el hablar dos lenguas y sentir dos culturas, nos honra.

Es cierto que el espíritu multicultural se había abandonado. Vasconcelos, el de la Raza cósmica, nos había dicho antes que ya nadie creía en el mito del ario puro, pero todavía respirábamos aire ario y monolingüe. Los latinos nos seguíamos engañando, al tratar de ser morenos *güeros balbuceando cachitos* de inglés. Pero así no se podía ser verdaderamente ni chicano, ni riqueño. Por eso decidimos algunos *acogernos* más al español. Descartar este idioma habría sido

a costa del/in the name of

observación

integrarse, unirse; echar raíces; idealistas

rubios hablando un poquito; acercarnos

---

[1] Rubén Darío (1867–1916) fue un famoso e importantísimo poeta modernista que nació en Nicaragua. Uno de sus libros más conocidos, *Cantos de vida y esperanza*, contiene un prólogo y algunos poemas que tienen un mensaje político con referencia a los Estados Unidos.

La advertencia de Darío que menciona Luis Dávila en su ensayo «El ser bilingüe» se refiere al peligro de que los hispanoamericanos puedan perder su propia cultura, imitando demasiado la anglosajona. En una poesía dirigida al presidente Theodore Roosevelt, Rubén Darío compara las dos Américas e insiste en el tema de la hispanidad.

[2] José Vasconcelos (1881–1959) fue un gran pensador mexicano que escribió, entre otras cosas, varios ensayos filosóficos. En *La raza cósmica*, probablemente su obra capital, Vasconcelos desarrolló su teoría sobre la quinta raza que, según él, poblaría el mundo del futuro. Este sueño, como se lee en el artículo de Luis Dávila, todavía no se ha convertido en realidad. Aunque es cierto que las razas y las culturas mezcladas son características de los pueblos del continente americano, no se ha alcanzado una fusión total como creía Vasconcelos, y mucho menos a nivel mundial.

En *A Decade of Hispanic Literature: An Anniversary Anthology* (Houston: Revista Chicano-Riqueña, 1982), p. 278. (Adaptado)

49

traicionar a *la Raza*, y a esa visión del mundo que tanto sentíamos. Sin embargo, allí estaba todo el mundo habla y habla inglés, hasta en México y en Puerto Rico. Hasta que decidieron ser bilingües.

los chicanos, y también los hispanos en general

Realmente, urgía también ver el mundo con más de un cristal cultural. Mientras más idiomas, mejor. *Junto con lo de ser paisanos*, queríamos ser humanos. Hablar chino, sí, y hasta ruso, pero habría también que *entrarles duro al español y al inglés*. Ahí estaba la circunstancia inmediata. La de nosotros.

además de tener el mismo origen; interesarse en hablar y estudiar estas lenguas

Además, el mundo no era monolingüe; sí ancho y misteriosamente múltiple. Por eso para nosotros, los muchos que nos tocó ser marginados, ese mundo no debía ser tan *ajeno*. Recordemos que Anáhuac[3] y Borinquen nunca fueron regiones *angostas*. Tampoco lo debían ser Aztlán[4] y el Harlem hispánico.[5] En todas estas regiones la palabra fue y sigue siendo, bilingüe. Por *las veredas* del español y el inglés llegaremos a otros mundos. *Puede que* estos lugares sean ferozmente distintos. Eso ya no importa tanto, pues somos *lugareños movedizos*—como muchos otros. Somos riqueños y chicanos. Ni más, ni menos.

extraño estrechas

los caminos quizás

campesinos que no se establecen en un sitio fijo

---

[3] Región central de México; además, un antiguo puerto de Texas donde ocurrieron unas batallas entre mexicanos y angloamericanos en el siglo XIX.
[4] Región utópica, situada entre México y los Estados Unidos, ocupando territorios a ambos lados de la frontera, que sería la nueva patria de los chicanos. Algunos la consideran como la región suroeste de los Estados Unidos que pertenecía a México antes de la guerra de 1848.
[5] Barrio situado en Manhattan, Nueva York, donde viven muchos puertorriqueños y otros hispanos.

Ejercicios

I. *Preguntas de contenido.*

1. ¿A qué escritores de lengua española menciona el autor de este ensayo?
2. ¿Cuál era el sueño del escritor mexicano?
3. ¿Cómo sabe Ud. que Luis Dávila está a favor del bilingüismo?
4. ¿Qué significa la frase «el mito del ario puro»?
5. ¿Cómo ve Dávila el abandono total de la lengua española por parte de los hispanohablantes?
6. ¿Qué significa la frase «el mundo no es monolingüe»?
7. ¿Qué es Anáhuac?
8. ¿Qué es Borinquen?
9. ¿Qué es Aztlán?
10. ¿Dónde está el Harlem hispánico?

II. *Escriba un sinónimo para cada palabra señalada. Consulte las glosas y el texto de este ensayo.*

1. La semilla que sembré no *ha prendido.*
2. En Alemania hay muchas personas *rubias.*
3. Muchos de sus *compatriotas* viven en la Florida.
4. Me parece que eres demasiado *idealista.*
5. Me invadió un sentimiento *extraño,* diferente.
6. Estos zapatos son demasiado *estrechos;* necesito otros más amplios.
7. El campesino andaba por *el camino* hacia la ciudad.
8. *Quizás* el profesor esté enfermo, por eso no ha venido hoy a clase.

III. *Escriba un antónimo para cada palabra señalada. Todos están en el texto de este artículo y en las notas.*

1. El aire que aquí se respira es realmente *impuro.*
2. Tiene una novia *rubia,* muy bonita.
3. Ésta es una ciudad *multilingüe.*
4. ¡No puedo *olvidar* sus hermosos ojos!
5. Paco y su hermano son *iguales* en el carácter.
6. Saludé a un *desconocido* en la calle.
7. El *epílogo* del libro está bien escrito.
8. No vas a *ganar* nada con hacer eso.
9. Es interesante pensar en el mundo del *pasado.*
10. Lo que *más* me interesó de la película fue el final.

IV. *Preguntas para iniciar una conversación.*

1. ¿Le gustan a Ud. las películas de ciencia-ficción? Diga por qué o por qué no.
2. ¿Qué programas de televisión y/o películas de ciencia-ficción ha visto Ud.? Comente sobre algunos.
3. ¿Cree Ud. que la «quinta raza» podría venir de otro planeta? Explique si Ud. cree en los seres extra-terrestres.
4. ¿Qué piensa Ud. sobre la profesión de astronauta? Explique las ventajas y desventajas que tiene.
5. Las superpotencias mundiales (los Estados Unidos, la Unión Soviética, etc.) gastan millones de dólares en enviar astronautas a distintos sitios del universo (la luna, otros planetas). ¿Está Ud. de acuerdo con eso? Desarrolle su respuesta.

V. *Composición dirigida. «El fin del mundo».*

1. ¿Cree Ud. que el fin del mundo está cerca? ¿En qué basa Ud. su respuesta, afirmativa o negativa?
2. ¿Cómo cree Ud. que se terminará el mundo? Explique las circunstancias en que eso ocurrirá.
3. ¿Qué piensa Ud. de las armas nucleares y de la carrera armamentista? Desarrolle su respuesta.
4. ¿Tiene Ud. miedo de morir? Escriba sus comentarios al respecto.
5. ¿Qué importancia tiene la religión en relación con sus ideas sobre la muerte? Explique esto en un párrafo corto.

En el manicomio[1]

Ángel A. Castro

Nota importante.

Este cuento refleja, en el uso de algunas palabras y frases, la influencia de la lengua inglesa en la española. En él hay expresiones que aparecen comúnmente en el vocabulario de los hispanos que viven aquí en los Estados Unidos, especialmente en la lengua oral. Estas palabras y frases se explican en las glosas.

El Departamento de Lenguas Romances de la Universidad de Grammar City, en el Estado de Iowa, lo formaban tres profesores, dos *profesores asistentes* y diez estudiantes ayudantes. Entre estos diez estudiantes había uno refugiado político de Cuba, su nombre, Néstor Martínez.

profesores auxiliares

---

[1] hospital de enfermos mentales

Cuentos del exilio cubano (New York: Lectorum Corporation, 1970), pp. 61–71. (Adaptado)

Néstor Martínez estaba casado con María García y tenían tres hijos: Néstor, Mario y Alberto.

En las mañanas, Martínez actuaba como *«teacher assistant»* de *la asignatura* Español 101. Tenía diecisiete estudiantes norteamericanos—no graduados—en su clase. Por la tarde, Martínez se transformaba él mismo en estudiante graduado. — el curso

Se decía Martínez a sí mismo:

—*No acabo de entender* el sistema de educación norteamericano. Estudiantes graduados y no graduados. Aquí no se acaba de graduar uno nunca. Me parece una paradoja. Bueno, pero cuando tenga yo mi título de *Ph.D.* me haré rico, y *me desquitaré* de todos mis sufrimientos . . . — no entiendo completamente / doctor; me recobraré

Y seguía camino de su modesto apartamento, quería entretenerse contemplando los árboles que en el invierno *lucían como* cubiertos de algodón. — y continuaba hacia / parecían

Caminaba y caminaba, y volvió a hablarse a sí mismo:

—Llevo seis años *asistiendo a* esta Universidad, me han humillado mucho. Los profesores *resienten* que soy nativo, que soy cubano. También que soy graduado de la Universidad de La Habana. . . . resienten que soy doctor . . . — estudiando en / están molestos

—¡Y qué hambre he pasado con mi familia. . . ! *Llevamos* comiendo perros calientes y sopas en lata por cerca de seis años . . . — estamos

Caminaba y caminaba y volvió a hablarse a sí mismo:

—¡Qué agonía es estudiar en la universidad norteamericana! Es una verdadera tiranía. Hay que obedecer al profesor. Soy casi un esclavo. *Si no le sigo la corriente* a mi profesor, me dará *una calificación* de C,[2] y tendré que repetir el curso . . . — si no obedezco; una nota/*grade, mark*

—Hay cuatro compañeros asistiendo a la consulta del médico siquiatra, dos están recluidos como locos; pero yo no, yo no terminaré en el manicomio.

En el mes de septiembre de 1969, seis años después del *inicio* de su carrera, al fin, Néstor Martínez terminaba sus estudios para el diploma de Doctor en Filosofía en Lengua *Castellana.* Era Ph.D. — comienzo / Española

[2] En los estudios universitarios para la maestría y el doctorado no se puede obtener una calificación por debajo de B para pasar cada curso.

—Ahora soy Ph.D., voy a vengarme de los sufri-
mientos *padecidos*, ahora haré sufrir a otros. Seré un   que he pasado
profesor implacable, como aquel profesor Berry, que
me mantuvo enfermo por cuatro meses.

—Y pensar que le debo al Gobierno de los Estados
Unidos de la América del Norte la cantidad de quince
mil dólares, que me ha prestado para poder pagar
por estos estudios. Quince mil dólares ha costado mi
diploma, y en Cuba no pagué más de doscientos cincuenta pesos por *derechos* de matrícula durante cinco   costos
años. . . ¡Qué *barbaridad*! Estudiar en los Estados   horror
Unidos de la América del Norte cuesta una verdadera
fortuna.

—Bueno, pero ahora perteneceré a la élite. Soy
Ph.D.

* * *

En un pequeño *college* del Estado de Iowa comenzó
el doctor Néstor Martínez su carrera de profesor de
español. El jefe del Departamento de Lenguas Romances era otro cubano: el doctor Ricardo Florete; y
todo *marchaba* admirablemente. Los dos profesores   procedía
se admiraban y respetaban. Así pasó un semestre, y
en el mes de febrero se publicó el catálogo del *college.*

Néstor llegó a su oficina y miró el catálogo sobre su
mesa, se sentó, lo tomó entre las manos y comenzó a
leerlo sin mucho cuidado.

—¿Deja ver de dónde es Ph.D. Ricardo Florete?

Al final del libro aparecían los nombres de los profesores, y Martínez buscó la letra F, y leyó en voz baja:

—Ricardo Florete, doctor en *Derecho,* Universidad   Leyes
de la Habana. Cuba.

—¿Cómo Florete no es Ph.D. norteamericano?

—¡No, no puede ser. . . !

Y en su mente pasó como una película de colores,
en azul, en rojo, en amarillo, en verde, en violeta; sus
sufrimientos durante seis años. Veía perros calientes,
muchos perros calientes: de color amarillo, de color
verde, de color azul, de color anaranjado.

Veía a *su mujer* de color azul, de color amarillo, de   su esposa
color verde. . . , de color violeta. La música acompa-
ñaba la película, era una música estridente, fuerte; y
en los oídos le *repercutía*; los oídos parecían que es-   resonaba
taban *próximos a estallar*. La nieve no era blanca,   para explotar
sino que ahora era roja y quemaba; el cielo no era

azul, sino negro, sin estrellas. Y los perros calientes bailaban, con vestidos con letras A, B; y uno llevaba la letra C, su vestido era de color negro.

En esta sinfonía de música y colores, al fondo había un *sarcófago* negro y dentro el título de doctor en Derecho de Néstor Martínez..., de pronto..., el diploma empezaba a bailar y decía con voz *ronca*; — una caja de muertos, un ataúd / muy baja / Presidente

—República de Cuba. El *Rector* de la Universidad de La Habana, en uso de las facultades que le confieren los estatutos de esta Universidad y *a propuesta* del tribunal correspondiente, *expide* el presente título de DOCTOR EN DERECHO a favor de NESTOR MARTÍNEZ, en consideración a los *ejercicios* de grado que *hubo de realizar*. — a petición / confiere / exámenes / tomó

En testimonio de lo cual, y para que *surta* todos sus efectos legales *procedentes*, autoriza y suscribe este título *conjuntamente* con el Decano de la Facultad respectiva. En La Habana a cuatro de octubre de mil novecientos cincuenta. Firmado, Decano. Firmado, Rector de la Universidad de La Habana. — tenga / aplicables / junto

Al cabo de un rato de *mudo* silencio, Néstor Martínez salió corriendo por la avenida principal del colegio y gritaba: — después; absoluto

—Soy Ph.D., soy norteamericano, vivan los perros calientes..., vivan los perros calientes...

Néstor Martínez estaba ahora recluido en un cuarto blanco, con pijama blanco, estaba en el manicomio de la Universidad de Grammar City, Iowa City, Estado de Iowa, y sólo repetía:

—Soy Ph.D., soy norteamericano, vivan los perros calientes..., vivan los perros calientes...

Ejercicios

I. *Preguntas de contenido.*

1. ¿Quiénes eran los miembros de la familia Martínez?
2. ¿Cuáles eran las ocupaciones del Sr. Martínez?
3. ¿Qué pensaba él de los estudios universitarios en los Estados Unidos?
4. ¿Qué comían él y su familia y por qué?
5. ¿Cómo había pagado Martínez sus estudios para el doctorado?
6. ¿Adónde fue él a trabajar después de graduarse y quién era su jefe?

7. ¿Por qué recibió él una sorpresa al leer el catálogo? *Porque pr. Florete no* ~~tien~~ *tuvo su PhD*
8. ¿Qué había estudiado Martínez en Cuba?
9. ¿Qué veía Martínez en sus alucinaciones? *perros calientes grados*
10. ¿Dónde está el Dr. Martínez al final del cuento y por qué?

II. *De cada oración, diga si es verdadera o falsa. Corrija las falsas, escribiendo un comentario corto sobre cada una.*

F 1. Néstor Martínez era profesor de la escuela graduada en la Universidad de Grammar City, Iowa.

F 2. El Departamento de Lenguas Romances estaba integrado por ocho personas.

T 3. Martínez creía que iba a ganar mucho dinero después de graduarse.

F 4. Él estaba contento con sus profesores de la universidad y le gustaba mucho el sistema de educación norteamericano.

T 5. La nota de C era suficiente para pasar un curso graduado.

F 6. Después de graduarse en Grammar City, Martínez tendría dos doctorados.

F 7. El Sr. Martínez había pagado $250 por sus estudios universitarios en Grammar City.

F 8. El profesor Berry era muy bueno y comprensivo con Martínez.

T 9. El Dr. Ricardo Florete había estudiado Derecho en Cuba.

F 10. Martínez era una persona muy bien equilibrada desde el punto de vista psicológico.

III. *Escriba la palabra o frase a la que corresponde cada definición. Todas las palabras aparecen en el cuento.*

1. Idiomas derivados del latín. _____
2. Persona que está estudiando la maestría o el doctorado. _____
3. Lo que siente una persona cuando pasa mucho tiempo sin comer. _____
4. Médico que trata a los enfermos mentales. _____
5. Persona que ha perdido la razón. _____
6. Persona que ha perdido la libertad. _____
7. Dinero que se paga al inscribirse en un centro de estudios. _____
8. Capital, cantidad grande de dinero. _____
9. Grupo de personas escogidas, privilegiadas. _____
10. Seis meses. _____
11. Lista donde aparecen nombres, cursos, mercancías, etc. _____
12. Una clase de salchicha. _____
13. Leyes o reglas por las que se organiza una institución. _____

14. Calle ancha e importante, generalmente con árboles a ambos lados. _____
15. Ropa que se usa para dormir. _____

IV. *Preguntas para iniciar una conversación.*

1. ¿Puede Ud. describir un manicomio, aun sin haber visto uno por dentro?
2. ¿Cree Ud. que Néstor Martínez tenía razón en sus opiniones sobre la educación universitaria norteamericana? Comente sobre esto.
3. ¿Es posible volverse loco en un caso como el del Sr. Martínez? ¿Cree Ud. que este cuento exagera esa situación? ¿Por qué?
4. ¿Le parece a Ud. cómico este cuento? ¿Cuáles son los elementos divertidos del cuento?
5. ¿Cuál es su opinión personal sobre el costo de los estudios universitarios en los Estados Unidos? ¿Cómo paga Ud. esos estudios?

V. *Composición dirigida. «La tensión en la vida del estudiante».*

1. ¿Tiene Ud. que trabajar, además de asistir a la universidad? En caso afirmativo, describa su trabajo.
2. ¿Se siente Ud. nervioso o nerviosa en sus clases? ¿Por qué?
3. ¿Estudia Ud. sus lecciones diariamente o espera a que llegue la época de los exámenes? ¿Por qué?
4. ¿Cómo se prepara Ud. para los exámenes finales? ¿Cómo se siente Ud. durante los exámenes? ¿Cómo se siente Ud. después de los exámenes?
5. ¿Qué hace Ud. generalmente después que termina el curso universitario? ¿Va de vacaciones, empieza a trabajar, descansa y duerme todo el tiempo. . . ?

Es que duele
Tomás Rivera

Nota importante.

Tomás Rivera ha escrito este cuento usando el español coloquial y popular que hablan muchos mexicoamericanos. Las palabras y frases chicanas (chicanismos) están glosadas para facilitar su comprensión.

Es que duele. Por eso le *pegué*. Y ahora ¿qué hago? *A lo mejor* no me expulsaron de la escuela. *A lo mejor* siempre no es cierto. A lo mejor no. *N'ombre* sí. Sí, es cierto, sí me expulsaron. Y ahora ¿qué hago?

> di un golpe
>
> quizás;
>
> no hombre

Y creo que empezó todo cuando me dio vergüenza y *coraje* al mismo tiempo. Ni quiero llegar a la casa. ¿Qué le voy a decir a mamá? ¿Y luego cuando venga papá de la labor? Me van a *fajear* de seguro. Pero, también de vergüenza y coraje. Siempre es lo mismo en estas escuelas del norte. *Todos nomás mirándote* de arriba a abajo. Y luego se ríen de uno y la maestra con el palito de *paleta* o de *ésquimo pie* buscándote *piojos* en la cabeza. Da vergüenza. Da coraje. Yo creo que es mejor estarse uno acá en el rancho, aquí con sus gallineros, o en la labor se siente uno a lo menos más libre, más a gusto.

> rabia, ira
>
> golpear con un cinturón
>
> no hacen más que mirarte
>
> *lollipop;* un tipo de helado; insectos que viven en el cabello/*lice*

—*Ándale, m'ijo,* ya vamos llegando a la escuela.

> camina, mi hijo

—¿Me va a llevar usted[1] con la principal?

—N'ombre, ¿es que no sabes hablar inglés todavía? Mira, allí está la puerta de la entrada. *Nomás* pregunta si no sabes a dónde ir. Pregunta, no seas tímido. No tengas miedo.

> solamente

—¿Por qué no entra conmigo?

—¿*Apoco* tienes miedo? Mira, esa debe ser la entrada. Ahí viene un viejo. Bueno, pórtate bien, ¿eh?

> no me digas que

---

[1] Entre muchos hispanos es común tratar de usted a los padres, especialmente dentro de las clases sociales más humildes.

. . . Y no se lo tragó la tierra (Berkeley, California: Editorial Justa Publications, 1977), pp. 14–24. (Adaptado)

59

—Pero ¿por qué no me ayuda?

—N'ombre, tú puedes bien, no tengas miedo.

Siempre es lo mismo. Lo llevan a uno con la enfermera y lo primero que hace es buscarle los piojos. También aquellas señoras tienen la culpa. Los domingos se sientan enfrente de los gallineros y *se espulgan* unas a otras. *Los gringos a pase y pase* en sus carros viéndolas y apuntándoles con el dedo. Bien dice papá que parecen *changos* del zoológico. Pero no es para tanto.

se sacan las pulgas/*fleas*; los angloamericanos pasan y vuelven a pasar; monos

—Fíjate, mamá, ¿qué crees? Me sacaron del cuarto apenas había entrado y me metieron con una enfermera toda vestida de blanco. Me hicieron quitarme la ropa y me examinaron hasta *la cola*. Pero donde se detuvieron más fue en la cabeza. Yo me la había lavado, ¿verdad? Bueno, pues la enfermera trajo un frasco como de vaselina que olía a puro *matagusano* ¿todavía huelo así?, y me untó toda la cabeza. Me daba *comezón*. Luego con un lápiz me estuvo partiendo el pelo. Al rato me dejaron ir pero me dio mucha vergüenza porque me tuve que quitar los pantalones y hasta los calzoncillos enfrente de la enfermera.

la parte inferior de la espalda

medicina para matar los gusanos/*worms*; picazón/*itch*

Pero, ahora, ¿qué les digo? ¿Que me echaron fuera de la escuela? Pero, si no fue toda la culpa mía. Aquel gringo *me cayó mal desde luego, luego.* Ese no se reía de mí. Nomás se me quedaba viendo y cuando me pusieron en una esquina aparte de los demás *cada rato* volteaba la cara y me veía, luego me hacía una seña con el dedo. Me dio coraje pero más vergüenza porque estaba aparte y así me podían ver mejor todos. Luego cuando me tocó leer, no pude. Me oía a mí mismo. Y oía que no salían las palabras. . . *Este camposanto ni asusta.* Es lo que me gusta más de la ida y venida de la escuela. ¡Lo verde que está! y bien *parejito* todo. Puros caminos pavimentados. Hasta parece donde juegan al *golfo. Hora* no voy a tener tiempo de correr por las lomas y resbalarme *echando maromas* hacia abajo. Ni de acostarme en *el sacate* y tratar de oír todas las cosas que pueda. La vez pasada conté hasta veinte y seis. . . *Si me apuro* a lo mejor me puedo ir con doña Cuquita al *dompe.* Sale como a estas horas, ya cuando no está muy caliente el sol.

me pareció antipático inmediatamente; frecuentemente

este cementerio ni da miedo

igual/*even*; *golf*; ahora; haciendo acrobacias; la hierba

si me doy prisa; sitio donde se echa la basura/*dump*

—Cuidado, muchachos. Nomás tengan cuidado y no vayan a pisar donde hay *lumbre* por debajo. Donde vean que sale humito es que hay brasas por debajo. Yo sé por qué les digo, ya me di una buena quemada

fuego

y todavía tengo la cicatriz. . . Miren, cada *quien* coja   uno
un palo largo y nomás revolteen la basura con ganas.
Si viene *el dompero* a ver qué andamos haciendo, dí-   el basurero
ganle que venimos a tirar algo. Es buena gente, pero
le gusta quedarse con unos libritos *de mañas* que a   de trucos
veces tira la gente. . . cuidado con el tren al pasar ese
puente. Allí se llevó a un *fulano* el año pasado. . . Lo   tipo
pescó en mero medio del puente y no pudo llegar a la   cogió
otra orilla. . . ¿Les dieron permiso de venir conmigo?
. . . No se coman nada hasta que no lo laven.

Pero si me voy con ella sin avisar me dan otra fa-
jeada. ¿Qué les voy a decir? A lo mejor no me expulsaron. Sí, hombre, sí. ¿A lo mejor no? Sí, hombre.
¿Qué les voy a decir? Pero, la culpa no fue toda mía.
Ya me andaba por ir para fuera. Cuando estaba allí
parado en el *escusado* él fue el que me empezó a hacer   inodoro/
la vida *pesada.*   *toilet;*
   desagradable

—Hey, Mex. . . I don't like Mexicans because they
steal. You hear me?

—Yes.

—I don't like Mexicans. You hear, Mex?

—Yes.

—I don't like Mexicans because they steal. You hear
me?

—Yes.

Me acuerdo que la primera vez que me peleé en la
escuela tuve mucho miedo porque todo se habría
arreglado con tiempo. Fue por nada, nomás que unos
muchachos ya con bigotes que estaban en el segundo
grado todavía nos empezaron a empujar uno hacia el
otro. Y así anduvimos hasta que nos peleamos yo creo
de puro miedo. Como a una cuadra de la escuela recuerdo que me empezaron a empujar hacia Ramiro.
Luego nos pusimos a luchar y a darnos golpes. Salieron unas señoras y nos separaron. Desde entonces me
empecé a sentir más grande. Pero lo que sentí hasta
que me peleé fue puro miedo.

Esta vez fue distinta. Ni me avisó. Nomás sentí un
golpe muy fuerte en la oreja y oí como cuando se pone
a oír uno las conchas en la playa. Ya no recuerdo cómo
ni cuándo le pegué pero sé que sí porque le avisaron
a la principal que nos estábamos peleando en el escusado. ¿A lo mejor no me echaron fuera? N'ombre,
sí. Luego, ¿quién llamaría a la principal? Y *el barren-*   la persona
dero todo asustado con la escoba en el aire, listo para   que barre
aplastarme si trataba de irme.

—The Mexican kid got in a fight and beat up a couple of our boys, . . . No, not bad. . . but what do I do?

—...

—No, I guess not, they couldn't care less if I expell him—. . . They need him in the fields.

—...

—Well, I just hope our boys don't make too much about it to their parents. I guess I'll just throw him out.

—...

—Yeah, I guess you are right.

—...

—I know you warned me. I know, I know . . . but . . . yeah, ok.

Pero cómo me les iba a ir si todos los de la casa quieren que vaya a la escuela. Él de todos modos estaba con la escoba en el aire listo para cualquier cosa. . . Y luego nomás me dijeron que me tenía que ir.

Esta es la mitad del camino a la casa. Este camposanto está pero bonito. No se parece nada al de Tejas. Aquél sí asusta, no me gusta para nada. Lo que me da más miedo es cuando vamos saliendo de un entierro y veo para arriba y leo en el arco de la puerta las letras que dicen no me olvides. Parece que oigo a todos los muertos que están allí enterrados decir estas palabras y luego se me queda en la cabeza el sonido de las palabras y a veces aunque no mire hacia arriba cuando paso por la puerta, las veo. Pero éste no, éste está pero bonito. *Puro sacatito* y árboles, yo creo que por eso aquí la gente cuando entierra a alguien ni llora. Me gusta jugar aquí. Que nos dejen pescar en el arrollito que pasa por aquí, hay muchos pescados. Pero nada, necesitas tener hasta licencia para pescar y luego a nosotros no nos la quieren vender porque somos de fuera del estado.

> solamente hierba

Ya no voy a poder ir a la escuela. ¿Qué les voy a decir? Me han dicho muchas veces que los maestros de uno son los segundos padres . . . y ¿ahora? Cuando regresemos a Tejas también lo va a saber toda la gente. Mamá y papá se van a enojar; a lo mejor me hacen más que fajearme. Y luego se va a dar cuenta mi tío y *güelito* también. A lo mejor me mandan a una escuela correccional como una de las cuales les he oído *platicar*. Allí lo hacen a uno bueno si es malo. Son muy fuertes con uno. Lo dejan como un guante de suavecito. Pero, a lo mejor no me expulsaron, n'ombre, sí, a lo mejor no, n'ombre, sí. Podía hacer como que venía a la escuela y me quedaba aquí en este camposanto. Eso sería lo mejor. Pero, ¿y después? Les podía decir que se me perdió la *report card.* ¿Y luego si me quedo en el mismo año? Lo que me puede más es que ahora no voy a poder ser operador de teléfonos como quiere papá. Se necesita acabar la escuela para eso.

> abuelito

> mencionar

—*Vieja,* háblale al niño que salga . . . mire, *compadre,* pregúntele a su *ahijado* lo que quiere ser cuando sea grande y acabe la escuela.

> expresión usada entre esposos; *godfather; god child*

—¿Qué va a ser, ahijado?

—No sé.

—¡Dile! No tengas vergüenza, es tu padrino.

—¿Qué va a ser, ahijado?

—Operador de teléfonos.

—¿*Apoco*?

> ¿de veras?

—Sí, compadre, está muy *empeñado* m'ijo en ser eso. Cada vez que le preguntamos dice que quiere ser operador. Yo creo que les pagan bien. Le dije al viejo el otro día y se rio. Yo creo que cree que m'ijo no puede, pero es que no lo conoce, es más *vivo* que nada. Nomás le pido a *Diosito* que le ayude a terminar la escuela y que se haga operador.

> decidido

> ingenioso, diligente; manera afectuosa de mencionar a Dios

Aquella película estuvo buena. El operador era el más importante. Yo creo que por eso papá quiere que yo estudie para eso cuando termine la escuela. Pero

. . . a lo mejor no me echaron fuera. Que no sea verdad. ¿A lo mejor no? N'ombre, sí. ¿Qué les digo? ¿Qué hago? Ya no me van a poder preguntar que qué voy a ser cuando sea grande. A lo mejor no. N'ombre, sí. ¿Qué hago? Es que duele y da vergüenza al mismo tiempo. Lo mejor es quedarme aquí. No, pero después se asusta mamá toda como cuando hay relámpagos y truenos. Tengo que decirles. Ahora cuando venga mi padrino a visitarnos nomás me escondo. ¿Para qué leerle como me pone papá a hacerlo cada vez que viene a visitarnos? Lo que voy a hacer cuando venga es esconderme detrás de algún mueble o debajo de la cama. Así no les dará vergüenza a papá y a mamá. ¿Y si no me han expulsado? ¿A lo mejor no? N'ombre, sí.

Ejercicios

I. *Preguntas de contenido.*

1. ¿Qué problema tiene el niño de este cuento?
2. ¿Cuál cree él que será la reacción de sus padres al saberlo?
3. ¿Qué le hizo la enfermera en la escuela?
4. ¿Adónde iba el niño con doña Cuquita y qué hacían allí?
5. ¿Qué le dijo el otro niño al chicanito y qué reacción tuvo este último?
6. ¿Cómo sabe Ud. que ésa no era la primera pelea del chicanito?
7. ¿Por qué creen los maestros que sus padres no van a sentir mucho la expulsión del niño? (Vea las frases en inglés.)
8. ¿Por qué el niño se siente bien en el cementerio?
9. ¿Cómo sabe Ud. que él no vive permanentemente en el pueblo donde está la escuela?
10. ¿Qué pensaba ser en el futuro el niño chicano y por qué?
11. ¿Puede Ud. nombrar a todos los parientes del niño que se mencionan en el cuento?
12. ¿Cómo acaba el cuento? ¿Ha tomado el niño alguna decisión?

II. *Escriba el antónimo de cada palabra señalada. Busque los antónimos en el cuento mismo.*

1. Lo que decía el otro niño era *mentira*.
2. *Partió de* su casa a eso de las seis.
3. Miró hacia *arriba* y vio lo que buscaba.
4. Es *peor* quedarse callado, esperando.
5. No seas *atrevido*, ven acá.
6. Sólo *contesta*, no platiques demasiado.
7. Lo esperé a la *salida* del edificio.

8. *Se ponen de pie* frente a los gallineros.
9. Lo *metieron en el* cuarto para verle la cabeza.
10. Tuve que ponerme *detrás* de la maestra.
11. El agua no estaba muy *fría.*
12. Todo se había *desarreglado* en un instante.
13. *Olvido* las advertencias que me hizo.
14. Las señoras vinieron a *juntarnos.*
15. Me *disgusta* la noticia que me das.
16. El guante estaba *áspero.*

III. *Escriba una oración completa con cada palabra o frase. Después, traduzca cada oración al ingles.*

1. me da coraje
2. de arriba a abajo
3. sentirse a gusto
4. tener la culpa
5. al rato
6. me cae mal
7. con ganas
8. tener miedo
9. la mitad del camino
10. enojarse
11. la escuela correccional
12. estar empeñado en

IV. *Preguntas para iniciar una conversación.*

1. ¿Por qué es un poco difícil entender este cuento? ¿Puede Ud. comentar sobre la lengua? ¿Puede Ud. comentar sobre el tiempo de la narración (*flashbacks*)?
2. ¿Por qué cree Ud. que Tomás Rivera usa el inglés en esta narración, además del español? ¿Qué ventajas tiene aquí el uso del inglés?
3. ¿Cree Ud. que en esta escuela existían prejuicios contra los chicanos? ¿Quiénes tenían esos prejuicios y cómo los expresaban?
4. ¿Puede Ud. saber qué trabajo hacían los padres del niño? ¿Qué aspiraciones tenían ellos para su hijo? ¿Cree Ud. que el niño trabajaba, además de ir a la escuela? ¿En qué basa Ud. su respuesta?
5. El final de este cuento queda abierto. ¿Qué cree Ud. que el niño hará por fin?

V. *Composición dirigida.* «*Los niños que trabajan*».

1. ¿Cree Ud. que los niños deben trabajar? ¿A qué edad, en qué ocupaciones?
2. ¿Trabajó Ud. alguna vez en su niñez o en su adolescencia? ¿Qué hacía? En caso negativo, ¿puede Ud. contestar estas preguntas con referencia a un amigo suyo o a una amiga?
3. ¿Puede Ud. mencionar las ventajas y desventajas que tiene para los niños y jovencitos el trabajar?
4. Comente brevemente sobre los niños que trabajan en el cine y en la televisión.
5. En el caso de niños que trabajan, ¿qué cree Ud. que deben hacer con el dinero que ganan?

CAPÍTULO 3
La mujer hispana contemporánea en los Estados Unidos

Entre compañeros

Eugenio, Guillermo, Hilda y Alba están conversando en los salones de la Asociación de Estudiantes de una universidad de Chicago.

HILDA. —¿Cómo te va, Eugenio? Oí decir que te casas para el año *entrante*. ¿Quién será la afortunada?

próximo

EUGENIO. —Bueno, así que ya se va *corriendo* la noticia. Pues mira, es verdad; me caso con Maryellen Jones, tú la conoces, ¿no?

extendiendo

HILDA. —Pues claro que sí; es decir, la conozco de vista, tenemos la misma clase de gimnasia. . .

GUILLERMO. —¡Oye, Eugenio! ¿Cómo es eso que te casas con una gringa? Debes estar *loco de atar*. Mira, estás condenado a pasarte el resto de tu vida lavando, limpiando, cocinando, haciendo de *niñero*. . . Cásate con una hispana que se ocupe de los *quehaceres domésticos*, de los niños, que no quiera trabajar fuera de la casa, ya verás qué felicidad.

muy loco

nursemaid
los trabajos de la casa

ALBA. —¡Ay, qué exageración! ¡Qué estereotipos! Mira, yo soy hispana y cuando me case espero compartir con mi marido todo el trabajo doméstico. Además, seguro que voy a trabajar en mi profesión, para eso estudio Derecho, para ser abogada y tener mis propias oficinas, no para quedarme en casa las veinticuatro horas del día.

EUGENIO. —Estoy de acuerdo con Alba. Maryellen quiere ser profesora de gimnasia y a mí me parece muy bien. Como yo me gradúo este año, voy a ocuparme de la casa para que ella pueda terminar sus estudios. Le *quedan* tres años.

faltan para terminar

GUILLERMO. —¿No te digo que estás loco? Yo no me casaría con una mujer que prefiere estudiar y trabajar en vez de atender su casa y a su esposo. Creo que tu matrimonio va a terminar en divorcio, ya verás.

HILDA. —Me parece que Guillermo te está dando un buen consejo y debes seguirlo. Al menos, piensa mejor en lo que vas a hacer con eso de atender tú a las

labores caseras. ¡Te verás *monísimo* con tu *delantal*   cómico; *apron*
y una escoba en la mano! ¡Ay, no; yo no le permitiría
a mi esposo hacer cosas propias de mujeres!

EUGENIO. —Agradezco los consejos y las buenas intenciones de ambos, pero se equivocan. En cuanto a
eso del divorcio que nos espera, hay opiniones y la
nuestra no coincide con la de ustedes, obviamente.
Además, les aseguro que no me da ningún complejo
el ponerme un delantal y barrer. Me considero un
hombre liberado.

ALBA. —Yo creo que es ofensivo pensar que todas
las latinas hemos nacido para *amas de casa*. Por otra   *housewives*
parte, me parece muy bien que las que lo deseen, ten-
gan el derecho a serlo sin que nadie las critique. Pero
desde luego, siempre que el esposo haga su parte de
las faenas caseras. ¡Qué va! Después de pensarlo un   los
poco, creo que no voy a casarme. Prefiero estar sola   quehaceres
que mal acompañada. ¡Y no permitiré que nadie me   domésticos
llame *solterona*!   *old maid*

GUILLERMO. —¡Ay, el movimiento feminista está
echando a perder el mundo! ¡Creo que me voy a mu-   arruinando
dar para Puerto Rico! Allí seguramente no se sabe
nada de esas tonterías y las mujeres *se comportan*   actúan
como Dios manda.

HILDA. —Bueno, bueno, Guillermo, no estés tan seguro. Mira este libro, lee estos periódicos. Allá tam-

bién empiezan a preocuparse por esos asuntos. Creo que lo mejor será que meditemos un poco sobre todo esto. Mientras tanto, vamos a felicitar a Eugenio y Maryellen y desearles lo mejor en su futura vida matrimonial.

Guillermo se queda solo y aprovecha la oportunidad para leer uno de los periódicos que Hilda le ha dado.

CRB destaca *posición de la mujer*

subraya

El gobernador Carlos Romero Barceló destacó la posición que la mujer ha ido escalando dentro de la sociedad puertorriqueña, aunque dio la impresión de no estar satisfecho con la participación de la mujer dentro *del ámbito político,* que considera debe aumentar.

del escenario de la política

«El día que tengamos muchas más mujeres en la Legislatura las sesiones comenzarán más temprano, habrá más orden y cordialidad», dijo el primer ejecutivo durante un almuerzo que ofreció en La Fortaleza a un grupo de 36 mujeres distinguidas en distintos campos de la sociedad puertorriqueña.

Recordó que siendo alcalde de San Juan se hizo un estudio, denominado «San Juan Dos Mil», en que se estableció que para el año 2000 más del 60% de los hogares en la ciudad capital tendrán como jefe de familia a una mujer.

La mujer, a su juicio, ha ido escalando posiciones dentro de la sociedad puertorriqueña y de esto seguir habrá que hacer reajustes para evitar que la familia *se perjudique* y ver también el rol que pueden ir asumiendo los hombres.

se arruine, se deteriore

El Diario-La Prensa, New York City, jueves 23 de septiembre de 1982, p. 7. (Adaptado)

Ejercicios

I. *Preguntas de contenido.*

1. ¿Dónde se encuentran los cuatro jóvenes?
2. ¿Qué va a hacer Eugenio?
3. ¿Por qué se opone Guillermo a ese matrimonio?
4. ¿Qué opina Alba de lo que dice Guillermo?
5. ¿A qué va a dedicarse Maryellen después de graduarse?

6. ¿Qué diferencias existen entre los puntos de vista que sostienen Alba e Hilda con respecto al feminismo?
7. ¿Por qué cree Guillermo que es mejor, al menos para un hombre, vivir en Puerto Rico?
8. ¿Qué le da Hilda a Guillermo para que lea?
9. ¿Sobre qué figura política es el artículo?
10. ¿Dónde tuvo lugar el almuerzo y con qué motivo se llevó a cabo?
11. ¿Cuáles son algunas opiniones de Romero Barceló acerca de la mujer puertorriqueña?
12. ¿Qué resultados dio el estudio «San Juan Dos Mil»?

II. *Escriba un sinónimo para cada palabra señalada. Búsquelos en el texto del diálogo y en las glosas.*

1. Los jóvenes están *platicando* sobre el feminismo.
2. Las malas noticias frecuentemente se *extienden* con más rapidez que las buenas.
3. *Las labores* de la casa no se acaban nunca.
4. Ella es profesora de *ejercicios físicos.*
5. Espero que ella pueda *acabar* sus estudios.
6. Me *falta* un mes para casarme.
7. Ella no quiere *ocuparse de* su casa.
8. Su *marido* la ayuda en todo.
9. *Creo* que él te da buenos consejos.
10. *Les doy las gracias por* sus buenas intenciones.
11. ¡No *dejaré* que nadie me critique!
12. Debemos *congratular* a los futuros esposos.
13. El gobernador *subrayó* la importancia de la mujer.
14. Hicieron un estudio *llamado* «San Juan Dos Mil».
15. La mujer contemporánea, *en su opinión,* tiene una posición social más destacada.

III. *Escriba una oración completa y original con cada palabra o frase.*

1. oír decir
2. casarse con
3. conocer de vista
4. comportarse
5. estar loco (-a) de atar
6. las veinticuatro horas del día
7. echar a perder
8. la vida matrimonial
9. escalar una posición
10. el jefe de familia
11. a mi juicio
12. perjudicar(se)

IV. *Preguntas para iniciar una conversación.*

1. ¿Puede Ud. definir el feminismo? ¿Qué es el movimiento feminista?
2. ¿Está Ud. a favor o en contra de la igualdad absoluta entre hombres y mujeres? La clase debe dividirse en tres grupos (a favor, en contra, indecisos o moderados) y discutir este asunto, dando cada estudiante su opinión.
3. ¿Qué ventajas y desventajas tiene que la esposa trabaje fuera del hogar? Discutan sobre esto.
4. ¿Cree Ud. que los niños deben jugar con muñecas y las niñas con camiones? ¿Por qué, o por qué no?
5. ¿Qué quiere decir la frase «un estereotipo sexual»? Todos tenemos estereotipos, ¿tiene Ud. alguno sobre cómo debe ser y comportarse un hombre y cómo debe ser y actuar una mujer? Desarrolle su respuesta.

V. *Composición dirigida. «El movimiento feminista en las dos últimas décadas».*

1. Explique en qué consiste el movimiento feminista.
2. ¿Qué derechos quieren conseguir las mujeres que todavía no tienen? ¿Qué victorias han alcanzado ya las feministas? ¿Cree Ud. que una mujer feminista es menos femenina? Explique su respuesta.
3. Si es Ud. mujer, ¿es feminista? ¿Por qué, por qué no? Si es Ud. hombre, ¿se casaría con una mujer feminista? ¿Por qué, por qué no?
4. Escriba un párrafo sobre las ventajas y desventajas de las madres que trabajan fuera del hogar.
5. ¿Qué posición cree Ud. que ocupará la mujer estadounidense en el siglo XXI? Desarrolle su respuesta.

Matrimonio y divorcio en Puerto Rico

Marya Muñoz Vázquez

Generalmente, entre puertorriqueños el divorcio se considera un paso altamente negativo y a menudo se opina que éste refleja faltas de parte de *los cónyuges*, particularmente de la mujer, y su incapacidad de mantener un matrimonio satisfactorio o feliz.

    los esposos

En la actualidad las mujeres puertorriqueñas tienen una amplia variedad de opiniones y diferentes expectativas sobre su rol de esposas. *La muestra* en este estudio incluyó 81 mujeres divorciadas y 81 casadas. En las entrevistas que se llevaron a cabo, mientras algunas mujeres expresaron opiniones favoreciendo el patrón patriarcal de relaciones maritales, otras sostuvieron creencias que favorecen un modo más igualitario de relaciones con sus esposos.

    the sample

Algunas mujeres al expresarse reflejaron creencias que corresponden mayormente a un sistema patriarcal, tales como:

En Edna Acosta Belén, *La mujer en la sociedad puertorriqueña* (Río Piedras: Ediciones Huracán, 1980), pp. 211, 215–217, 220–225. (Adaptado)

«Él no me deja salir, pero está bien conmigo, ya que tiene que ser así porque él es el hombre.»

«Él quiere ayudarme con la limpieza de la casa pero yo no lo dejo porque la gente va a decir que es *pato*.» en Puerto Rico y en las Antillas en general, afeminado, homosexual

«Yo no lo dejo coger al bebé porque no sabe cómo y podría dejarlo caer.»

«Si un hombre sale con otra mujer y cuando llega a la casa la mujer empieza a pelearle, él se va de nuevo; si la mujer lo recibe con cariño, él probablemente no salga de nuevo. . . entonces no habría tantos divorcios.»

«Las mujeres que salen a trabajar han complicado sus vidas. . . es un obstáculo a la felicidad y al mejor cuidado de los hijos.»

«Yo creo que la mejor manera de mantener el matrimonio es escondiendo mis sentimientos, y no es difícil o duro hacerlo.»

«Hay mujeres que quieren ser iguales a los hombres; las mujeres deben ser diferentes de los hombres.»

«*El se mete* en la manera como yo visto, pero yo lo complazco porque es la manera de demostrarle que lo quiero y lo respeto.» él interviene

«Los hombres son los que necesitan las relaciones sexuales.»

Por otro lado, otras mujeres expresaban opiniones que favorecían un patrón más igualitario de relaciones maritales; algunas de éstas fueron:

«Yo creo que lo que hace mi matrimonio feliz es: a) La independencia que he ganado con mi trabajo (*mi ingreso* es mayor que el de mi esposo), b) cada uno mi salario de nosotros sabe que estamos casados porque lo queremos y que podemos decidir lo contrario, c) mi actitud hacia el sexo es muy abierta y tuvimos relaciones sexuales antes de casarnos, y d) yo expreso abiertamente aquellas cosas que no me gustan en el matrimonio.»

«Yo me divorciaría de él si supiera que me es infiel.»

«El decía que bañar y cambiar a los niños es trabajo de mujer; yo creo que él puede hacer las mismas cosas que yo puedo hacer.»

«Si yo trabajo fuera creo que él debe ayudar también en la casa.»

Estas creencias y opiniones expresadas por las mujeres a través de entrevistas indican que coexisten entre estas mujeres puntos de vista significativamente diferentes y contradictorios sobre el rol que la esposa debe tener en la relación marital.

Los hombres todavía tienen mucho que perder a través de sanciones negativas cuando abiertamente expresan preferencias por una relación más igualitaria. Por ejemplo, he conocido hombres que limpian la casa o ayudan con los hijos siempre que las ventanas estén cerradas y los vecinos no puedan darse cuenta de *su comportamiento*. Si alguien descubriera que un marido está ayudando a su esposa o atendiendo sus deseos, se referirían a él como que «está sentado en el *baúl*» (su esposa lo domina). Los hombres puertorriqueños tienen *en juego* su imagen masculina, de ahí que aparezcan más inclinados a lo tradicional.   su conducta

   chest, trunk
   at stake

El poder es una variable de considerable importancia en *la propensión* al divorcio; 41.9% de las mujeres divorciadas entrevistadas, dieron razones al efecto de que se habían divorciado porque sus esposos eran muy autoritarios o les eran infieles. Otra razón dada con frecuencia por un 23.4% de las mujeres como la causa de su divorcio, fue el hecho de que el esposo abusaba físicamente de ella, o a menudo se emborrachaba o se endrogaba. Parece que no solamente las mujeres divorciadas experimentaron los efectos de extrema subordinación en su relación marital, sino que han sido también objeto de abuso y maltrato por sus ex-esposos. La razón mencionada anteriormente fue informada como problema para las mujeres casadas en solamente 8.7% de los casos. El hecho de que las mujeres dieron ésta como una razón para su divorcio, mientras que las mujeres casadas informaron que esto no ocurría frecuentemente en sus matrimonios, *apoya* la afirmación de que las mujeres hoy en día ya no toleran tanto el abuso de sus esposos como lo hacían las mujeres de la generación anterior.   la tendencia

   confirma

Una de las razones *primordiales* que lleva a los matrimonios a terminar en el divorcio es el conflicto, en este caso a un nivel interpersonal, en torno al poder que tiene cada cónyuge en la relación matrimonial. Es curioso anotar que las mujeres indicaron en 71.6% de los casos, que fueron ellas mismas las que quisieron divorciarse y en 12.3% de los casos que ambos   principales cónyuges quisieron divorciarse. Aparentemente son las mujeres las que están tomando la decisión de divorciarse.

Las esposas puertorriqueñas están todavía lejos de alcanzar una relación igualitaria; persiste en nuestra sociedad una relación de gran desigualdad entre los cónyuges. Véase la siguiente evidencia recogida a través de las entrevistas:

1. Los esposos, en comparación con las esposas, toman decisiones mucho más frecuentemente en el matrimonio, con la notable excepción de las decisiones sobre las tareas que hay que llevar a cabo en el hogar.

2. Las tareas *hogareñas* tales como cocinar, lavar los platos y limpiar la casa, son llevadas a cabo por las esposas en 90.8% de los casos y en ninguno de los casos por los esposos.   del hogar

3. Los maridos nunca se ocupan ellos mismos en lo que respecta a la satisfacción de las necesidades físicas de sus hijos y solamente en 12.7% de los casos ambos cónyuges se ocupan de esta tarea juntos.

4. Los esposos son los que generalmente inician las relaciones sexuales.

5. Los esposos en el 73.0% de los casos son los que participan en actividades sociales por sí solos (ej. viernes social[1]); esto ocurre con mayor frecuencia que con las esposas, quienes participan en actividades por sí solas en 3.0% de los casos.

La evidencia recogida a través de las entrevistas indica también que las mujeres de clase media han logrado *levemente* más poder en su matrimonio que   slightly
las mujeres de la clase baja, donde los hombres se adhieren más en sus expectativas a un patrón patriarcal de relaciones matrimoniales. En la muestra se encontró que una proporción mayor de mujeres de la clase media *estaban empleadas provechosamente,*   tenían
en comparación con las mujeres de la clase baja.   trabajos
     buenos

[1] Entre algunos puertorriqueños existe la costumbre de que los maridos se reúnan con sus amigos los viernes por la noche y salgan a beber y a divertirse sin sus esposas; a veces regresan muy tarde a la casa, inclusive a la mañana siguiente.

Ejercicios

I. *Complete estas oraciones con las palabras que faltan, según el contenido del ensayo que ha leído.*

1. La mayor parte de los puertorriqueños creen que el divorcio es _____ .
2. Para llevar a cabo este estudio, la autora entrevistó a _____ .
3. Algunas opiniones conservadoras fueron: _____ .
4. Algunas opiniones más liberales fueron: _____ .
5. Muchos hombres puertorriqueños no ayudan en el trabajo de la casa porque _____ .
6. Las razones más poderosas que las mujeres dieron como causantes del divorcio fueron: _____ .
7. El 71.6% de las mujeres divorciadas dijeron que _____ .
8. Las esposas toman decisiones con más frecuencia que los esposos cuando _____ .
9. Casi tres cuartas partes de los esposos participan solos en _____ .
10. _____ prefieren aún más un patrón patriarcal de relaciones matrimoniales.
11. En la clase media, las mujeres _____ .
12. Se llegó a la conclusión de que la relación entre los esposos no es igualitaria; al contrario, hay _____ .

II. *Escriba la palabra o frase que corresponde a cada definición.*

1. Sinónimo de *esposos.* _____
2. Se dice del sistema en el que el padre manda casi con exclusividad. _____
3. Niño de pocos meses de edad. _____
4. Sinónimo de *amor* o *afecto.* _____
5. Sinónimo de relaciones *matrimoniales.* _____
6. Antónimo de *menor.* _____
7. Antónimo de *casado.* _____
8. Que no es fiel. _____
9. Sinónimo de *conducta.* _____
10. Que se comporta con mucha autoridad. _____
11. Beber demasiado alcohol. _____
12. Ingerir drogas ilegales. _____
13. Se dice de una relación entre dos personas que se consideran con igual poder. _____
14. Lo relativo al hogar. _____
15. Clase social de pocos recursos económicos

III. *Diga de cada oración si es verdadera o falsa. Corrija las falsas, comentando brevemente sobre cada una.*

1. Se suele culpar a la mujer puertorriqueña por los fallos matrimoniales.
2. En el sistema patriarcal, el padre ayuda siempre en las labores domésticas.
3. Las mujeres que favorecen el patrón matrimonial igualitario están dispuestas a aceptar la infidelidad.
4. A través de las entrevistas, se descubrió que había opiniones muy diferentes entre las mujeres en general.
5. Casi todos los hombres que ayudan en la limpieza de la casa se lo dicen a sus vecinos.
6. Casi la cuarta parte de las mujeres se divorciaron por el abuso físico de sus esposos hacia ellas.
7. Entre las mujeres casadas que se entrevistaron, el porcentaje de abusos físicos era aún mayor.
8. Según este estudio, hoy día en Puerto Rico hay absoluta igualdad entre los cónyuges.
9. El «viernes social» es el día en que las esposas se reúnen a jugar canasta.
10. Las mujeres de la clase media están en mejor situación dentro del matrimonio que las mujeres de la clase baja.

IV. *Preguntas para iniciar una conversación.*

1. ¿Puede Ud. definir el concepto de «machismo»?
2. Después de leer este estudio, ¿cree Ud. que existen grandes diferencias entre los matrimonios hispanos y los no-hispanos? ¿Cuáles son?
3. ¿Qué programas de televisión ve usted que presenten hogares y familias? Describa alguno(-s).
4. ¿Qué opina Ud. del divorcio? ¿Qué consecuencias tienen los divorcios de matrimonios con hijos?
5. ¿A qué cree Ud. que se debe la cantidad tan grande de divorcios que hay en los Estados Unidos? Desarrolle su respuesta.

V. *Composición dirigida. «El divorcio».*

1. ¿Está Ud. a favor o en contra del divorcio? Explique su respuesta.
2. ¿Cuáles son las causas de la mayoría de los divorcios? Explique cada una brevemente.
3. ¿Qué consecuencias tiene el divorcio para cada uno de los esposos?
4. ¿Qué es más doloroso, divorciarse o enviudar (perder a su cónyuge)? ¿Por qué?
5. ¿Qué remedios tiene Ud. para evitar los divorcios? Desarrolle su respuesta.

Al paso del transeúnte[1]

Antonio Méndez

En el correo de hoy.—«Sr. Antonio L. Méndez—953 No. Vendome Street, Los Angeles, California, U.S.A. Muy estimado Sr. Méndez: No pude menos que escribirle con bastante *disgusto*. Su más reciente columna me causó una semana de *turbación*. Me hizo sentir como una tonta que hubiera estado ciega los cinco años que llevo de casada, tan *tétrico* cuadro pintó usted de la mujer de hogar, y también explicó usted eso del trabajo no pagado en casa, que es mayor y más importante que el que hacemos por *paga*. De pronto me vi *fracasada*, ya que el condominio en que vivimos está a nombre de mi esposo, él tiene cuenta en el banco y yo no tengo, etc., etc.; pero señor Méndez, es tan erróneo ese punto de vista que olvida lo que el esposo también da. Casi no hay un matrimonio (al menos yo no conozco ninguno) en que el esposo no haya dado y sólo haya recibido. Para salir *del desaliento* que me causó esa imagen que usted tiene del porvenir de la mujer casada, tuve que recordar día a día los cinco años *de casados*; cuando nació la primera de nuestras dos hijas, cuando mi esposo me llevaba a los mejores restaurantes y sitios hermosos más *costosos* que hay en California y Nevada. Yo, que nunca he sido ni curiosa ni *interesada,* le pedía todo lo que me sugerían las publicaciones de turismo y recreación, y él me lo *concedía*. Llegué a tener la seguridad de que él era muy rico. Pues bien, ese segundo año de luna de miel, descubrí que mi esposo, en realidad, estaba *quebrado*: por accidente *me enteré* de que el banco le *exigía* cubrir un *sobregiro* muy grande en que había incurrido. Como él maneja dinero de depósitos en confianza, la situación era muy delicada. Tuve una conferencia muy seria con él, y juntos hi-

*enojo,
tristeza
confusión,
desconcierto
triste*

*salario
frustrada*

*de la
depresión*

*desde que nos
casamos*

*caros;
que piensa demasiado en el
dinero;
daba*

*no tenía
dinero; supe;
demandaba;
overdrawn
account*

[1] At one with the pedestrian

La Opinión, Los Angeles, Calif., lunes 17 de marzo de 1980, p. 3. (Adaptado)

78

Estimado señor: Le escribo para decirle...

cimos un *adeudo*. ¡No más viajes a los hermosos lagos
y montañas!; pero continuamos siendo muy felices.
Ya tenemos otra hija de tres años de edad y podemos
ver cómo progresa la mayor en la escuela. ¡Y yo que
ya estaba haciendo la cuenta de las horas que he sido
recamarera, cocinera, enfermera, secretaria y *mandadera*, para exigir todos esos *sueldos* en caso de divorcio! Le recomiendo, *muy comedidamente*, Sr.
Méndez, que sea más *ponderado*: póngales riendas a
su imaginación y al sentimiento. Tal vez usted ha sido
y sigue siendo más *cándido* que el promedio de la
gente, pues cree que todas las esposas son víctimas
del hombre; pero yo sé que casi todos los matrimonios
tienen una historia tan clara, justa y de prosperidad
como el mío. Y perdone *la pedrada*. Siempre *lo
guardo en buen sitio entre mis afectos*. Rosario Flores»

Glosas:

debit

sirvienta
mensajera;
salarios;
con mucha
cortesía;
ponderoso,
prudente

golpe con una
piedra (aquí
no es literal);
lo estimo
mucho

Ejercicios

I. Preguntas de contenido.

1. ¿Cómo se siente la mujer que escribe esta carta? *enojo, triste, confused*
2. ¿Qué le ha molestado de la columna del Sr. Méndez? *su punto de vista*
3. ¿A quién le pertenece el apartamento donde viven ella y su familia? *su esposo*
4. ¿Cuántos años hace que ella está casada? *cinco años*
5. ¿Cuántas personas componen esta familia? *cuatro*
6. ¿Adónde iban ellos en los primeros años de casados? *lagos; montañas*
7. ¿Era rico el esposo de esta señora? ¿Cómo lo sabe Ud.? *no; Calif. Nev.*
8. ¿Cómo solucionaron ellos su problema financiero? *no más viajes*
9. ¿Qué tareas domésticas hacía esta mujer en su casa? *recamarera, cocinera enfermera, secretaria mandadera*
10. ¿Qué consejos le da ella al Sr. Méndez?
11. ¿Cree Ud. que esta señora es feminista? Explique su respuesta.
12. ¿Cree Ud. que ella seguirá leyendo la columna del Sr. Méndez?
¿Cómo lo sabe Ud.?

II. *Escriba un antónimo para cada palabra señalada. Búsquelos
en el texto de la carta y en las glosas.*

1. Me dirijo a Ud. con un gran *gusto*.
2. El trabajo de la casa es *banal*.
3. Su punto de vista es *correcto*.
4. Siempre me llevaba a los *peores* sitios.

5. Siempre sentía mucha *inseguridad.*
6. Éramos *desdichados* en nuestro matrimonio.
7. Nunca salíamos *separados.*
8. Lo que dices es *injusto.*
9. Mi habitación es muy *oscura.*
10. *Nunca* lo he querido.

III. *Escriba una oración completa y original con cada una de estas palabras y frases.*

1. causar turbación
2. la mujer de hogar
3. el punto de vista
4. ser curioso(-a)
5. conceder
6. la luna de miel
7. un sobregiro
8. hacer la cuenta
9. comedidamente
10. ser cándido(-a)

IV. *Preguntas para iniciar una conversación.*

1. ¿Vive Ud. en una casa o en un apartamento? Describa su vivienda.
2. ¿Qué ventajas tiene una casa comparada con un apartamento y viceversa?
3. Explique en qué consiste un condominio o un apartamento en cooperativa.
4. ¿Prefiere Ud. la vida en la ciudad o en el campo? Desarrolle su respuesta, explicando las ventajas y desventajas de cada estilo de vida.

V. *Composición dirigida. «Mi casa y mi famila».*

1. ¿Dónde vive Ud.? Describa su vivienda.
2. Describa su barrio o vecindario.
3. ¿Con quiénes vive Ud.? Describa a sus familiares y diga a qué se dedica cada uno.
4. ¿Qué opinión tiene Ud. de su familia? Explique brevemente las buenas cualidades de sus parientes más cercanos.
5. ¿Tiene Ud. parientes en otras partes de los Estados Unidos o en otros países? Diga quiénes son, dónde viven y a qué se dedican.

Carta abierta a Carolina . . . o Relaciones entre hombres y mujeres. Parte IV

Abelardo Delgado

Hola, aquí estoy de nuevo, Carolina, rebuscando más y más en tu carta y también en mi propia mente. Te oigo decir —Quizás las mujeres temen expresar en voz alta muchas cosas y lanzarse a llamar chovinistas a los hombres, quizá porque todo *se trata de* una para- **es** noia que nace de nuestra propia inseguridad. Como las mujeres tienen miedo de hablar contra los hombres en general, escogen a uno solo para platicarle y ya esto les *resulta* bastante difícil. **parece**

«El miedo y la paranoia no son condiciones per- manentes ni en las mujeres ni en los grupos minori- tarios, como nosotros los chicanos. Alguien *se esforzó* **hizo un** *en* plantar esas actitudes y aún más en mantenerlas. **esfuerzo por** ¿Cómo es posible que una mujer pueda tener una vi- sión positiva de sí misma cuando, antes de nacer, toda su familia esperaba un hombrecito?»

Trato de analizarme en este sentido, Carolina, mientras me preparo para conducir hasta El Paso y

En *A Decade of Hispanic Literature: An Anniversary Anthology* (Houston: Revista Chicano-Riqueña, 1982), pp. 282–283. (Adaptado y traducido del inglés)

estar presente en el nacimiento de mi primer nieto...
¿nieta? ¿Será que consciente o inconscientemente deseo que sea un niño? ¿Habrá mucha diferencia si resulta ser ella en vez de él?

Históricamente, en muchas comunidades pobres, el sobrevivir ha sido un factor principal en la formación de nuestras actitudes. En el caso del chicano campesino, un par de manos en la labor agrícola siempre tuvo mucho más valor que un par de manos para la cocina o la costura. En la cultura india de América, una mujer no podía tener el mismo valor en la tribu, simplemente porque no se la preparaba para la guerra ni para la caza. Cada *papel* en la sociedad recibe un determinado valor, de modo realista o no, y esto ha moldeado la mente de generaciones tras generaciones. Hace unos minutos estábamos hablando en clase sobre el movimiento feminista y lo controversial que ese tema es en el presente y será en el futuro. Hice un comentario acerca de la terrible amenaza que las mujeres pueden representar en cuanto a la continuidad de la humanidad misma. Si todas las mujeres de la tierra se negaran a tener hijos, en menos de doscientos años se acabaría el mundo. En este sentido, creo que son aún más amenazantes que una bomba atómica. Creo que las mujeres se dan cuenta de este poder.

(rol)

Decirle a un hombre que es chovinista, no significa gran cosa. Es como cuando un chicano o un negro le dice racista a una persona blanca. Creo que en ambos casos se está consciente de lo que se es. Sería preferible establecer un diálogo para ver cómo se va a terminar con esas actitudes sexistas o racistas que se manifiestan inevitablemente en alguna forma de abuso. Para poder entender estos abusos, se tendrían que explicar en una serie de artículos. Podemos expresar un par de principios básicos en cuanto a eso. A menudo el débil tiene que *aguantar* abusos del fuerte. Los que somos débiles, a veces nos agrupamos para pelear y resistir los abusos de los fuertes que nos obligan a hacer lo que no queremos. Es indudable que muchos de los problemas de las mujeres y de otros grupos minoritarios, nacen de su propia inseguridad. ¿Quién ha contribuido a aumentar en nosotros este estado de inseguridad? Carolina, me parece que uno de los pasos a tomar para volver a ganar nuestra dig-

(recibir, soportar)

nidad y nuestra seguridad es, precisamente, el enfrentarse con un grupo de hombres y *cantarles cuatro verdades*. Aunque sea para airear tus frustraciones, el mero hecho de hablar lleva en sí un efecto liberador. Algo más que quiero aconsejarte es que utilices tu inteligencia y analices la situación para que obtengas algo más que una mera satisfacción personal. En otras palabras, que averigües *el porqué* de tus sentimientos.

tell them off

la causa

Ejercicios

I. *Preguntas de contenido.*

1. ¿Quién escribe esta carta y a quién la dirige? *Abelardo Delgado Carolina*
2. ¿Qué significa la palabra *chovinista*? *un hombre que piensa que mujeres son inferiores.*
3. ¿A quiénes compara el escritor a las mujeres? *los minoritarios*
4. ¿Adónde va el escritor y por qué? *El Paso; para el nacimiento de su*
5. ¿Por qué los campesinos preferían tener hijos varones? *primer nieto / para tener más manos para trabajar*
6. ¿Puede Ud. «adivinar» la profesión del autor de esta carta? ¿Cómo se sabe esto? *estudiante o profesor*
7. ¿Por qué pueden ser amenazantes las mujeres? *porque las mujeres tienen hijos*
8. ¿Cree el Sr. Delgado que, para una mujer, es suficiente llamarle chovinista a un hombre? *no*
9. ¿Qué pueden hacer los débiles para resistir los abusos de los fuertes? *Cantarles cuatro verdades.*
10. ¿Qué resultados tiene el sentimiento de inseguridad? *no dignidad*
11. ¿Qué significa la frase «cantar cuatro verdades»? *dígale que piensa.*
12. ¿Cuál es el consejo final que le da Abelardo Delgado a Carolina? *utilices inteligencia y analices la situación*

II. *Escriba la palabra o frase correspondiente a cada definición.*

1. Enfermedad mental. _____
2. Sinónimo de *sembrar*. _____
3. Antónimo de *negativo*. _____
4. Sinónimo de *guiar* o *manejar* (un automóvil). _____
5. Ciudad del estado de Texas en la frontera con México. _____
6. El hijo de mi hijo. _____
7. Persona que vive en el campo y cultiva la tierra. _____
8. Agrupaciones en que se dividen los pueblos indios de América. _____
9. Acto de salir a matar animales para el consumo propio. _____
10. El tiempo que está por venir. _____
11. Conjunto de todos los seres humanos. _____

12. Arma nuclear muy poderosa. _____
13. Se dice del que cree que unas razas son superiores a otras. _____
14. Conversación entre dos personas. _____
15. Antónimo de *disminuir*. _____
16. Ponerse frente a alguien o a algo. _____

III. *Familias léxicas. Escriba dos derivados de cada una de estas palabras. Después, escriba una oración larga con uno de los dos derivados.*

> EJEMPLO   la carta—*cartearse, el cartero*
> *He empezado a **cartearme** con un muchacho de Nicaragua, de esa manera practico mi español.*

1. la mujer
2. el hombre
3. la familia
4. la forma
5. la guerra
6. la mente
7. la amenaza
8. la bomba
9. el sexo
10. débil

IV. *Preguntas para iniciar una conversación.*

1. ¿Le gusta a Ud. escribir cartas? ¿Por qué, por qué no?
2. ¿Puede Ud. comparar una conversación telefónica con una carta? Explique las ventajas y desventajas de cada una.
3. ¿Le gusta a Ud. el género epistolar como género literario? ¿Por qué? ¿Qué otros géneros literarios conoce Ud.?
4. ¿Cuál es su obra literaria favorita? Descríbala brevemente.
5. ¿Prefiere Ud. leer un buen libro o mirar un buen programa de televisión? Desarrolle su respuesta.

V. *Composición dirigida.* «*Una carta a mi mejor amigo (-a)*».
Escriba la carta en español sobre cualquier tema que Ud. desee. Incluya todas estas partes:

1. Lugar, fecha, encabezamiento.
2. Primer párrafo: saludos, comentarios generales, iniciación del tema de la carta.
3. Segundo y tercer párrafos: Cuerpo de la carta. Desarrolle las ideas sobre las que Ud. quiere escribir.
4. Párrafo final: conclusión y despedida.

Pilar, tus rizos[1]
Carmen Lugo Filippi

Quizás ya debería usar gafas. Las letras *zigzagueaban* durante segundos y una sensación de *ebriedad* ligera se disipaba sólo *a fuerza de* concentración en las páginas de la novela. Realmente no era necesario mucho esfuerzo para *lograr* la concentración disipadora. Los minúsculos caracteres ejercían tal fascinación que, a veces, el trance hipnótico alcanzaba intensidad alarmante: la hacía perder entonces contacto con lo que no fuera una perenne sucesión de significados.

> hacían zig zag
> embriaguez, borrachera; con mucha
>
> alcanzar

Poco le importaba el *incesante chachareo* en contrapunto, que se deshacía y rehacía intermitentemente, que *embestía* las paredes líquidas del *chorro* de la ducha destinada al lavado de cabellos, que competía con el *zumbido* monótono de los tres secadores.

> conversación ininterrumpida; iba contra; *spout of water* sonido como el que hacen las abejas; molestaba; *cuddle up;* extrañas;

Lo único que la *fastidiaba* era tener que leer en aquella posición convencional; prefería *ovillarse* en una butaca o adoptar posturas supinas algo *estrambóticas*. No podría, mientras estuviera bajo el secador, afilarse las uñas (últimamente, de *fregona* parecían), porque lo frágil de las novelas exigía el uso constante de ambas manos para *aplastar* con máximo cuidado las *raquíticas* páginas y poder llegar felizmente al final de cada línea. ¿Por qué se empeñarían en seguir publicándolas en ese tamaño ridículo—unos catorce centímetros de largo por diez de ancho—, cuando numerosas lectoras pedían letras más grandes y *encuadernación* fuerte?

> sirvienta que friega los platos; aplanar; muy delgadas

Esta vez se había decidido, entre *apuros* y máquinas y clientes, por un título poco atractivo: Volverás. Recogió de la pila de lecturas esta novela por causa de la foto de la portada (¿o era grabado?), que le hizo recordar un lindo retrato de sus diecisiete años,

> *binding* prisas

[1] cabellos ondulados

En Ana Lydia Vega y Carmen Lugo Filippi, *Vírgenes y mártires* (Río Piedras: Editorial Antillana, 1981), pp. 19–24. (Adaptado)

La mujer hispana contemporánea

cuando aún peinaba a lo paje *su melena corta,* con cuidado de mantener tras las orejas los *mechones* ondulados. Quizás por eso sus amigas de entonces la llamaron (¿o la *apodaron?*) Suzanne Pleshette: peinado coquetísimo y hoyuelos que se marcaban cada vez que reía de veras.

> cabellos cortos; porciones separadas de pelos o cabellos; *nicknamed*

Miró nuevamente la portada, a la vez que *se alisaba la saya* que debería hacer llegar a las rodillas cuando tuviera tiempo de descoserla, hojeó el tomo y se complació en ver muchos diálogos. Esas primeras líneas la entusiasmaron: «Al verse sola en *la penumbra* de la alcoba, fijó los ojos con súbita obstinación en aquel

> se aplastaba la falda

> la oscuridad

lecho *revuelto*. . . Estaba muy pálido Piss, y siempre lo fue mucho. *Hebras* de plata resplandecían entre sus negros cabellos.» Dramáticas líneas, ésas, además de muy íntimas. «El cúmulo de emociones profundas, indescriptibles, *avasalló* a Sissy Bite».

deshecho/ messy: **Hilos**

dominó

¿Usar gafas? La idea *revoloteó*, obstinadamente, en torno a su concentración. ¿Por qué no? Todo dependía de lo que escogiera: ¿de las gigantescas con lentes redondos y discreto tinte? Cuando Mauricio la viera, quizás no se sorprendería de los enormes cristales verdosos. Imaginó su propio rostro *agazapado*. Cerró los ojos para *solazarse* viendo a Mauricio caminar con paso un poco torpe, paso a paso, paso que le recordaba a Marlon Brando.

dio vueltas

escondido alegrarse

—Guapísima estás. Tienes un aire de intelectual mañanera. Luces estupenda con esos pantalones largos y esa *zamarra encarnada*.

chaqueta roja

Pero no, no. Probablemente las gafas la hicieran parecer más ¿vieja?, aunque él nada dijera. Además, ni Caterine, ni Betz, ni Silvie, usaban gafas: todas tenían formidables ojos entornados y soñadores. ¿Ojos soñadores? Pero así decían las novelas. ¿Cómo eran los ojos soñadores? Algo húmedos y tristes, quizás, tal como si contemplaran horizontes ¿*brumosos*?

nublados

Volvió a Sissy con el pasaje que tenía bajo la uña: «Era *esbelta* hasta la demasía, imponente, con cabellos cenizos y ojos violetas». Sólo que los de Elizabeth Taylor eran ¿azules? Memoria fallida, la suya. Algún ejercicio que hacer para mejorarla. ¿Azules? No, bien violetas en los párrafos de *Cosmopolitan* que describían los pendientes que Richie Burton le había regalado para combinar con «el suave *terciopelo violáceo* de su mirada». Ojos violetas con gafas, murmuró. Una combinación rara, pero le gustaría a Mauricio. Él también prefería a las mujeres algo maduras. ¿Recuerdas, Mauricio, cuando me regañaste en aquel baile por mis celos injustificados? Me sentía tan *pasada* a los treinticuatro, viendo *aquel desfile* de chiquillas con tules y caras de virgencitas tontas. Me abrazaste y me aseguraste que no me cambiarías entonces ni nunca —¡óyelo bien: ni nunca!— por cien como aquéllas. Y me besaste, me besaste tan a fondo. . .

delgada

violet-color velvet

vieja, aquella parada

Volvió a la lectura con el *repentino* inconveniente de haber perdido la secuencia. «¿Cómo conoció Sissy Bite a Piss Ducon? En Cocke. Sí, en aquella pequeña

inesperado

ciudad de apenas cincuenta mil habitantes. Fue un día cualquiera. ¿Quién los presentó? Todo era tan vago. En *aquel entonces,* nadie, ni siquiera ella, hubiese adivinado *el desenlace.* Para Sissy fue todo tan casual y al mismo tiempo tan incitante. . . La subyugó. . . Guapo, arrogante, turbador, se adelantó Piss Ducon. ¡Ah! Fue como si flotara en un lago tranquilo y de pronto las aguas empezaran a. . .». Igualito que con Mauricio. Habías llegado sola a la fiesta y te *disponías* a ordenar un Manhattan al sirviente solícito, cuando —¡Oh, ventura!— una conocida llegó hasta ti acompañada por él y te encantó con voz melodiosa: «Pilar, deseo que conozcas a Mauricio, de quien te he hablado». Te apresuraste a extenderle tus dedos nerviosos mientras decías *atropelladamente*: «Pilar, *para lo que se le ofrezca*».

> **aquellos tiempos; el final, la conclusión**

> **preparabas**

> **rápidamente y sin orden;** *at your service*

Entonces. . . Entonces, a la gloria. . . Aceptaste su invitación a bailar la próxima pieza y, con ese tono entre casual y *sensualote* que tan bien domina él, escuchaste: «¿Se divierte, señorita?» Lo miraste pícaramente —sorprendida de tu audacia— y *a boca de jarro* lo interpelaste: «¿Se divierte usted?» Ya él te conducía hacia un rincón del salón para que te *contonearas* con aquella suave melodía. . . Nunca, nunca, podrás olvidar la letra de esa canción. ¿Era bolero? No sabrías decir con precisión, ya que jamás has podido distinguir ritmos (casi todo lo *pausado* te parece un bolero desde entonces), y era la inmovilidad misma eso de *ladearse* unos centímetros sobre *una baldosa* de terrazo sin apenas respirar, contoneo y tonconeo, contontoneo y toncontoneo,[2] ¡ah, qué divina sensación! Convertiste aquella canción del *Hit Parade* en tu propiedad y la bautizaste «Himno del encuentro», ¿recuerdas?

> **muy sensual**

> **abruptamente**

> **movieras con cierto ritmo**

> **lento**

> **moverse hacia los lados; un mosaico**

La cantante poseía una sensibilidad parecida a la tuya. Diste por *sentado* que los cantantes, con tal de parecer muy originales y llamar la atención del respetable público, bautizan sus composiciones con títulos tan excéntricos y *llamativos* como excéntrica y llamativa puede ser en la vida de cualquiera una cortina de terciopelo granate *orlada con flecos dorados.* Así son los artistas, así es la vida. No hay más que fijarse en ésos del «*Jet Set*» que van a casarse. ¡Qué

> **seguro**

> *flashy*

> **decorada con hilos color de oro en la orilla**

---

[2] La escritora juega con las palabras para reproducir el ritmo del baile y de la música.

escándalos!, casi sin ropas, como el Mike Hagger (¿o
es Jagger?) y la Blanca de Nicaragua. . . En *Vanidades* decían que ella se atrevió a ir a la iglesia de
Saint Tropez —¡la iglesia, Señor!— con escote hasta
el ombligo, y que se le veía *hasta el alma.* ¿Cómo   **todo**
pudo el cura permitir tal cosa? Jamás me lo he podido
explicar. Aunque en la foto ella se veía tan chic, tan
modelo parisina, con el cabello tan natural, tan lacio. . .

Nada, que mientras más natural luzca una, mejor,
como la Sissy que en esta novela lleva con tanta gracia
pantalones negros, «un suéter de lana del mismo color,
y botines negros. Vestida así, que podría parecer masculina, resultaba, en contraste, de una femineidad extrema. Además, aquel cabello cenizo y sedoso, de mechones lacios. . .»

Quizás se vestiría de negro esta noche para Mauricio. Era un color tan distinguido, que a él le fascinaría
verla en aquel traje. . .

—¿Qué tal estoy, querido? ¿Me sienta bien este mo-
delito? Es de *Petite,* sí hombre, de la boutique fran-   **una nada/*a***
cesa que tanto anuncian. Quizás algo vaporoso, *un*   *trifle*
tris, para tu gusto. Pero te agrada, dilo. Y si no, me
cambio.

Así es Mauricio. Posesivo hasta en esos detalles,
exigente en sus gustos, firme en sus decisiones.

Pensaste que Sissy Bite no era una heroína muy
lista. Todavía en el Capítulo X la Sissy no comprende
el complejo carácter de Piss Ducon: ¿hombre que dis-
fraza su ternura con un aire de dureza?

—Te parezco un sádico, ¿verdad, Sissy?

—Sí —dijo ella ahogándose—, sí.

«Enloquecido, la apretó entre sus brazos y ambos
rodaron sobre la alfombra en un abrazo convulso. Él
jadeaba y oprimía con más fuerza aquel cuerpecillo   **respiraba**
indefenso...»   **rápidamente/**
                                                        was panting
Tonta es, tonta la Sissy. No sabe manejar la psico-
logía del hombre. Si Mauricio intentara violarme...

—No, Mauricio, prometiste que no lo harías hasta
llevarme al altar. Quiero ofrendarte mi virginidad.
¡Querido, querido mío, a la fuerza nunca tomes a una
doncella! *Serénate,* lindo, que has bebido demasiado   **cálmate**
Scotch. ¡Por favor, queridooooo!

Esta vez sacudió las piernas para que no se diera
cuenta la mujer que, a su izquierda, esperaba bajo el

secador el fin de los cuarenticinco minutos reglamentarios. Cerró tiernamente los ojos. . . Tuvo que abrirlos, bajo los gritos de su peinadora.

—¡Pilar! ¡Oye, Pilar! ¡Salte un momento de la secadora! —obedecía sin ganas, obedecía—. Acaba de llamar Pepe. ¡Parecía *rabioso*! Que has tardado mucho enfadado, enojado y que dejó los nenes con la vecina porque es su viernes. A ése no lo esperes hasta tarde, si llega.

Pilar sacó del secador la cabeza y, ayudando a su peinadora a deshacer los rizos, dijo:

—Lo de siempre, Gloria. Mañana paso a peinarme, si puedo. Dame cepillo, por favor.

—No te apures, chica. *Issi, issi* —susurró Gloria *arrastrando sus sibilantes.* *easy, easy;* murmuró; exagerando sus eses, *dragging her s's*

Y aquel susurro misericordioso la deprimió más que la abrupta salida de uno más de sus múltiples laberintos.

Ejercicios

I. *Preguntas de contenido.*

1. ¿Dónde estaba Pilar durante la narración y por qué estaba ella allí?
2. ¿Qué problemas tenía el libro que estaba leyendo ella? (No el contenido sino el libro en sí.)
3. Describa a Pilar cuando tenía diecisiete años.
4. ¿Cómo se llamaba la novela que ella leía y quiénes eran sus personajes?
5. ¿Cuál era el tema de la novela? Describa algunos episodios.
6. ¿Qué pensaba Pilar del uso de las gafas?
7. ¿Quién era Mauricio?
8. ¿Qué sabía Pilar de Elizabeth Taylor y cómo lo sabía?
9. ¿Qué le había sucedido a Pilar a los treinta y cuatro años?
10. ¿Dónde y cómo se conocieron Pilar y Mauricio?
11. ¿Cuál fue la primera pieza que ellos bailaron?
12. ¿Qué pensaba Pilar de la artista que cantaba aquella canción?
13. ¿Qué había leído Pilar en *Vanidades*?
14. ¿Puede Ud. describir a Sissy, incluyendo su ropa?
15. ¿Qué ocurre en el Capítulo X de la novela?
16. ¿Qué asociación establece Pilar entre ese capítulo y su vida real? ¿Qué le hace recordar?
17. ¿Quién sacó a Pilar de sus fantasías y qué le dijo?

18. ¿Quién era Pepe?
19. ¿Qué hace Pilar después de salir del secador?
20. ¿Cómo se siente ella al final y por qué?

II. *Escriba un sinónimo de cada palabra señalada. Búsquelos en el cuento mismo y en las glosas.*

1. Tuvo unos *instantes* de concentración.
2. Sujetaba el libro con *las dos* manos.
3. Las páginas eran *delgadísimas*.
4. Tendría que arreglar su *falda*.
5. Sissy estaba sola en la *oscuridad*.
6. Las gafas *enormes* la hacían parecer más intelectual.
7. Tenían ojos *entrecerrados* y soñadores.
8. Sus recuerdos eran *imprecisos*.
9. Estabas sorprendida de tu *atrevimiento*.
10. Lo *interrogaste* en cuanto lo viste.
11. Todos los ritmos *lentos* le parecían boleros.
12. Había una cortina de terciopelo *rojo*.
13. Todos estaban casi *desnudos*.
14. Creía que el negro era un color *elegante*.
15. ¡Debes *calmarte*, has bebido demasiado!
16. Gloria *murmuró* unas palabras.
17. Miró *otra vez* la portada del libro.
18. Sissy llevaba pantalones largos y una *chaqueta*.
19. Allí había un chachareo *constante*.
20. La cortina estaba *orillada* con unos flecos.

III. *Diga de cada oración si es verdadera o falsa. Corrija las falsas, escribiendo un comentario breve sobre cada una.*

1. Pilar usaba gafas para leer.
2. La peluquera le estaba lavando el pelo.
3. Además de leer, Pilar estaba soñando despierta.
4. El libro pesaba mucho y Pilar apenas podía sostenerlo.
5. Pilar vivía en la ciudad de Cocke.
6. Pilar creía que su falda era demasiado corta.
7. Caterine, Betz y Silvie eran personajes de novela.
8. La novela que leía Pilar era de espionaje.
9. Las gafas de Elizabeth Taylor eran de color violeta.
10. En la revista decía que Richard Burton le había regalado las gafas.
11. A los treinta y cuatro años, Pilar se sentía muy segura de sí misma.
12. *Petite* era el nombre de una revista francesa.
13. El bolero es una clase de melodía.

14. Además de novelas, Pilar leía revistas populares.
15. Según Pilar, Sissy no comprendía el carácter de su amante.
16. Pilar necesitaba una hora y cuarto para secarse el pelo.
17. La narración tiene lugar un sábado por la tarde.
18. Pilar es casada, pero no tiene hijos.
19. La peinadora se llamá Gloria.
20. Pilar prefiere peinarse con cepillo en vez de peine.

IV. *Preguntas para iniciar una conversación.*

1. ¿Puede Ud. explicar el título del libro de donde está sacado este cuento: *Vírgenes y mártires*? ¿Qué implicaciones feministas tiene el cuento «Pilar, tus rizos»?
2. ¿Cree Ud. que Mauricio existía realmente o que era una fantasía más en la mente de Pilar? Desarrolle su respuesta. ¿Le parece a Ud. que Pilar era una mujer frustrada? ¿Por qué?
3. ¿Va Ud. a la peluquería o a la barbería? Explique lo que se hace allí.
4. ¿Le gusta a Ud. leer novelas románticas, policíacas, de espionaje? ¿Por qué? ¿Cuándo las lee?
5. ¿Ud. sueña despierto (-a)? ¿Cuándo lo hace? ¿Qué fantasías cruzan su mente?

V. *Composición dirigida.* «*Solteros* versus *casados*».

1. ¿Qué ventajas y desventajas tiene el estar solteros? Desarrolle sus ideas.
2. ¿Qué ventajas y desventajas tiene la vida de casados? Explíquese.
3. ¿Cuál es la edad ideal para casarse y por qué?
4. ¿Qué opina Ud. de la fidelidad en el matrimonio? Exprese sus ideas al respecto.
5. ¿Prefiere Ud. un matrimonio sin hijos, con uno solo, dos, tres, una docena? Desarrolle su respuesta.

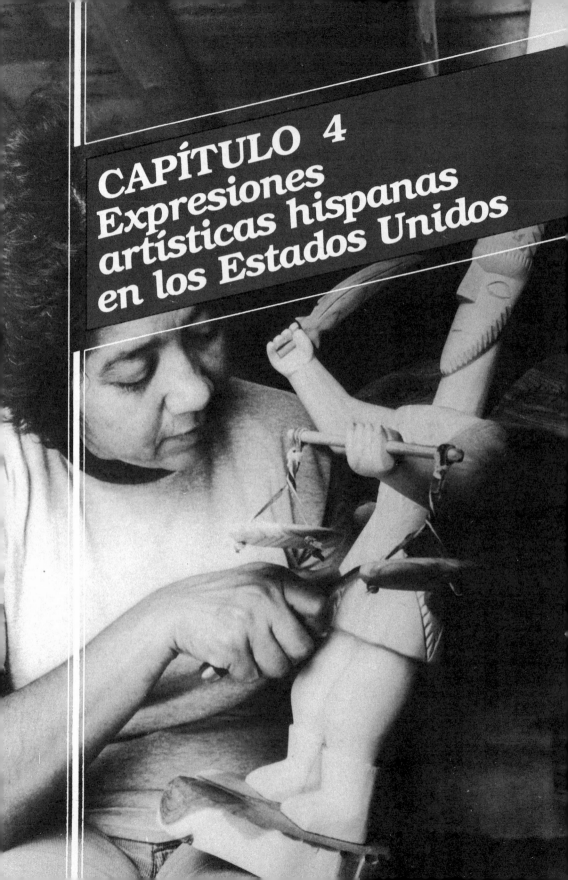

CAPÍTULO 4
Expresiones artísticas hispanas en los Estados Unidos

Los Juegos Florales en el City College *de la Universidad de la Ciudad de Nueva York (CUNY)*

Entramos en la oficina de la Dra. Diana Ramírez de Arellano en el edificio Shepard del *City College* y la encontramos, *como era de esperarse*, rodeada de varios de sus estudiantes con los que conversa animadamente. Esperamos unos minutos a que la conversación termine y, una vez que el último de los alumnos se ha marchado, nos invita a sentarnos y nuestra entrevista comienza.

as it was to be expected

Doctora, ¿qué puede Ud. decirme sobre los Juegos Florales de nuestra universidad?

Este *certamen* de poesía se instituyó en el *City College* de Nueva York en el año 1970. Yo fui la fundadora, con la colaboración de la Dra. Josefina Romo Arregui, *q.e.p.d.*, de la Universidad de Connecticut en Storrs.

concurso/ contest

que en paz descanse/*may she rest in peace* **asociación cultural, Liceo**

¿Tuvieron Uds. algún tipo de ayuda económica para llevar a cabo el certamen?

Sí, la del *Ateneo* Puertorriqueño de Nueva York.

Dra., ¿cuál es el origen de los juegos florales?

Estos festivales poéticos se originaron en la Provenza, región del sur de Francia, durante la época medieval. Consistían en concursos de poesía entre los trovadores. Al ganador, al que componía y recitaba el poema más hermoso, se le entregaba un premio: una flor natural, generalmente una rosa. Por eso se les denomina «juegos florales».

¿Cómo llegaron a conocerse esos festivales en América?

La tradición medieval trovadoresca entró a España por Cataluña[1] y de allí se extendió por toda la Península. En

---

[1] *Catalonia*, región situada en el nordeste de España; sus habitantes, además del castellano, hablan catalán, otra lengua de origen latino. Barcelona es la ciudad principal de Cataluña.

Entrevista a la Dra. Diana Ramírez de Arellano, profesora del Departamento de Lenguas Romances del City College.

city college
mayo   1983

XIII JUEGOS FLORALES 1983

España los juegos florales alcanzaron gran popularidad
y, con la conquista de América por la corona española,
los juegos llegaron a Hispanoamérica traídos por los colonizadores.

¿*Estuvo siempre en auge* la tradición de los juegos
florales?

No, durante años *decayó*, especialmente en el siglo
XVIII. En el XIX volvió a renacer con bastantes *bríos*.

¿En qué países de Hispanoamérica cree Ud. que se
han conservado con más interés?

Yo diría que en Puerto Rico, Cuba y Santo Domingo, por haber sido los últimos en separarse de España. Pero tengo una anécdota interesante: Gabriela
Mistral, la *insigne* poeta[2] chilena, ganadora del Premio Nobel de Literatura en 1945, ganó un premio de
poesía en los Juegos Florales de Santiago de Chile
cuando era jovencita, con sus «Sonetos de la Muerte».
Creo que estos poemas fueron, en parte, los que de-

persistió,
continuó

disminuyó
fuerzas

notable

----

[2] Generalmente, el femenino de poeta es poetisa. Hoy en día hay una tendencia a usar
poeta para ambos géneros.

terminaron el honor que recibió años después con el Premio Nobel.

Doctora, ¿se organizan juegos florales en otras instituciones estadounidenses además del City College?

Seguramente. *Que yo sepa,* el Ateneo Puertorriqueño de esta ciudad y el Círculo de Escritores y Poetas Hispanoamericanos los han organizado en distintas ocasiones. Es muy posible que igual se haga en otras ciudades de tradición hispana, como muchas del suroeste de los Estados Unidos, por ejemplo. No siempre se les llama juegos florales; a veces se les conoce como certámenes o concursos de poesía.

as far as I know

¿Qué propósito tenía Ud. en mente al instituir los Juegos Florales en el *City College* de Nueva York?

Dar a conocer, al público en general, a los jóvenes poetas. Debemos reconocer el talento de nuestros estudiantes y . . . ¡quién sabe! Quizás nos aparezca una nueva Gabriela Mistral. . .

¿Otros propósitos?

Pues tantos, que es difícil resumir. También, para inspirar a otros departamentos de lenguas a hacer algo semejante. Aquí en nuestra universidad, le hemos servido de ejemplo al Departamento de Inglés que también fundó un certamen poético del mismo tipo pocos años después de haberse iniciado el nuestro.

Doctora, me gustaría que me explicase cuáles son las bases de organización de los Juegos Florales en el *City College.*

Cómo no. Cada estudiante que desee participar debe escribir una obra original. Lógicamente, ha habido una evolución en el certamen y hoy día no se trata sólo de poesía; lo hemos ampliado al cuento y al ensayo.

¿De dónde *proviene* la mayoría de los estudiantes que participan en el certamen?

viene

Casi todos son producto de nuestro *Taller* de Poesía que ahora se llama Taller de Creación Literaria, *de ahí que* incluya también, como ya señalé, el cuento y el ensayo.

workshop

ésa es la razón de que

¿Tienen que estar escritas en español todas las obras que se presenten al concurso?

Sí, se admiten creaciones originales en español y, también, traducciones al español de obras en otras lenguas. Por ejemplo. recuerdo que, en una ocasión, un estudiante presentó una hermosísima versión española de un poema de T. S. Eliot.

¿Quiénes juzgan la calidad de los escritos?

Tenemos un jurado compuesto de tres miembros: una persona del Ateneo Puertorriqueño, un miembro *del claustro* de profesores de CUNY y un estudiante que haya recibido la flor natural en un concurso previo. El Ateneo representa el punto de vista de la comunidad hispana en general, CUNY representa el punto de vista académico y el estudiante, que a veces ya se ha graduado y está ejerciendo como profesor, el punto de vista de nuestra juventud.   **de la facultad**

¿Reciben Uds. muchos trabajos de estudiantes interesados en participar?

Recibimos cientos. Todos son anónimos, *de modo* que los miembros del jurado nunca saben quién es el autor, o la autora, de cada trabajo. Esto se averigua después de haber tomado la decisión con respecto al ganador o a la ganadora.   **así**

¿Qué premios se les da a los ganadores?

Damos tres premios principales: el primero es, siguiendo la tradición medieval, la flor natural, la rosa, y nosotros agregamos una medalla de oro. El segundo y el tercer premios consisten en medallas de plata y de bronce, respectivamente. Cada ganador recibe un diploma de reconocimiento. Además, hay menciones honoríficas en forma de diplomas, libros, etc. para otros jóvenes escritores que han demostrado también su talento de creación literaria.

¿Qué organismos colaboran hoy día en la organización de los Juegos Florales del *City College*?

El gobierno de Puerto Rico y muchos consulados y embajadas; recuerdo con especial cariño a varios miembros del Consulado de la República Dominicana. Aunque nuestro festival es para todo CUNY, *la sede* está aquí, en el *City College*. Viene muchísimo público y dura el día entero. El rector y los distintos *decanos* siempre asisten. También tratamos de interesar a la comunidad hispana en general para que haya entusiasmo por nuestras costumbres, por nuestra lengua. Por supuesto, vienen muchísimos estudiantes.   **el centro permanente**   *deans*

¿Otro tipo de celebración, de ayuda por parte de la comunidad?

¡Hay que ver cómo colaboran las industrias his-
panas! Ah, porque siempre servimos una *riquísima*   muy sabrosa
comida; eso también es parte de nuestra cultura. *Im-*   *printing*
prentas, dulcerías, mercados, industrias alimenticias, *presses*
industrias del ron, todos nos envían sus productos
para preparar nuestra fiesta y poder celebrar los triunfos de nuestra juventud.

Doctora, una última pregunta, ¿cómo ve Ud. el futuro de los Juegos Florales en nuestra universidad?

Todo depende de nosotros mismos, del entusiasmo
y de la acogida que les *prestemos*. Si seguimos como   demos
hasta ahora, *brindándole nuestro apoyo* al talento de   ofreciéndole
nuestros jóvenes y a este tipo de certamen, no sólo   nuestra
tendremos juegos florales aquí por muchos años, sino   ayuda
que también serviremos de ejemplo para otras instituciones culturales.

Ejercicios

I. *Preguntas de contenido.*

1. ¿Dónde trabaja la Dra. Ramírez de Arellano y qué está haciendo
   ella en su oficina? *Edificio Sheperd del City College.*
   Conversa con estudiantes
2. ¿Cómo se iniciaron los Juegos Florales en el City College de
   Nueva York?
3. ¿Puede Ud. describir el origen de ese tipo de certamen poético? ✗
4. ¿Cómo llegaron los juegos florales al Nuevo Mundo y dónde son
   más populares hoy en día? *Traidos por los colonizadores*
   Puerto Rico, Cuba, S^to Domingo. España
5. ¿Qué conexión existe entre Gabriela Mistral y los juegos florales? *ella ganó un premio de poesía en los JF.*
6. ¿Cuáles eran los propósitos principales que la Dra. Ramírez de
   Arellano tenía en mente cuando fundó los Juegos Florales en el
   City College? ✗
7. ¿Cómo se organiza ese concurso literario? *Cada estudiante escribe una obra*
8. ¿Qué tipo de trabajos se envía al concurso? *poesía, cuento y ensayo*
9. ¿Cómo está compuesto el jurado que juzga a los concursantes? ✗
10. ¿En qué consisten los premios que se dan a los ganadores? —
11. ¿Qué instituciones colaboran en la organización de los Juegos
    Florales del City College y cómo ayudan las industrias his-
    panas? ○
12. ¿Qué cree la Dra. Ramírez de Arellano sobre el futuro de este
    concurso literario?

II. *Escriba un antónimo para cada palabra señalada. Búsquelos en el texto del diálogo y en las glosas.*

1. *Perdí* mi billetera en la calle.
2. Ellos conversaban *desanimadamente*.
3. Esperé a que la charla *empezara*.
4. Ganó el premio cuando era *vieja*.
5. La región estaba al *norte* del país.
6. Los anillos volvieron a *desaparecer*.
7. Se trataba de una obra *traducida*.
8. Viene *poquísimo* público al festival.
9. Era el poema más *feo* de todos.
10. Estoy pensando en *las derrotas* de nuestra juventud.
11. Allí existía mucha *desorganización*.
12. Fueron los *primeros* en separarse de España.
13. Ellos *niegan* el talento de los jóvenes.
14. Es difícil *ampliar* la respuesta.
15. En ese pueblo se les *desconoce*.

III. *Escriba una oración completa y original con cada frase.*

1. como es de esperarse
2. llevar a cabo
3. la época medieval
4. alcanzar popularidad
5. estar en auge
6. que yo sepa
7. tener en mente
8. dar a conocer
9. servir de ejemplo
10. el punto de vista
11. ejercer como profesor(-a)
12. recordar con cariño

IV. *Preguntas para iniciar una conversación.*

1. ¿Qué prefiere Ud. como género literario, la prosa o la poesía, y por qué?
2. Si Ud. se decidiera a participar en un concurso literario, ¿qué tipo de obra enviaría? Explique su respuesta.
3. ¿Puede Ud. nombrar su poesía favorita y decir por qué le gusta más que otras?
4. ¿Qué tipo de poesía le gusta más, la tradicional que siempre rima o la moderna que, generalmente, no rima? Explique su respuesta.
5. ¿Qué ventajas cree Ud. que tiene el ganar un concurso literario? ¿Qué influencia puede tener eso en el futuro de la persona que resulta ganadora?

V. *Composición dirigida.* «*Los concursos de belleza*».

1. ¿Qué opinión tiene Ud. de los concursos de belleza? ¿Qué ventajas y desventajas tienen para las participantes?

2. ¿Por qué muchas personas están en contra de esos concursos? ¿Puede Ud. explicar las razones que tienen para adoptar esa posición?
3. ¿Qué cree Ud. de los concursos de talento y simpatía, en los que la belleza cuenta menos? Explique su opinión.
4. ¿Puede Ud. describir el concurso para elegir a Miss América? Seguramente Ud. lo ha visto alguna vez en la televisión.
5. ¿Le gustaría a Ud. que una hija suya llegara a ser Miss América? ¿Por qué, por qué no?

Las clases de arte mexicano favorecen la comprensión étnica

Las clases de arte mexicano y chicano en los colegios y universidades de los Estados Unidos, consolidan la identidad cultural de varios millones de méxico-estadounidenses e intensifican la comprensión mutua entre las comunidades anglosajona e iberoamericana del país.

Lo anterior fue expresado por la profesora Sybil Venegas, especialista en arte mexicano y ex-directora del departamento de Estudios Chicanos del Colegio del Este de Los Ángeles, al afirmar que esa institución educativa, con el propósito de fortalecer el entendimiento entre los Estados Unidos y Latinoamérica, ofrece dos clases de arte mexicano, pre-hispánico y moderno.

Todas las instituciones de educación superior de California, aceptan los créditos que el Colegio del Este de Los Ángeles *otorga* por las clases de arte mexicano, **da** enlistadas con el nombre de *Chicano Studies 51: Mexican Precolumbian Art*, y *Chicano Studies 52: Modern Mexican Art*.

Asimismo, la creciente participación de los artistas chicanos en la vida cultural de la sociedad estadounidense motivó la creación en el mismo colegio de la clase *Chicano Studies 54: Barrio Murals and Art Traditions*, enlistada también como *Humanities 18: Mexican American Arts in American Culture*.

La profesora Venegas, con *licenciatura* en Historia **B.A. degree** de los Estados Unidos, otorgada por el prestigioso *Mills College* y *maestría* en Estudios Mexicoamericanos de **M.A. degree** la Universidad del Estado de California en San José, explicó que las clases de arte mexicano son impartidas en base a los modernos sistemas didácticos con la ayuda de *diapositivas* y proyección de películas, **transparencias/slides** debido a la naturaleza visual y estética de la materia.

La Opinión, Los Angeles, Calif., tercera sección, viernes 8 de octubre de 1982, p. 1. (Adaptado)

«Debido a que el arte mexicano se enseña de una forma ordenada y progresiva, los alumnos aprenden con estas clases la historia general de México, aunque nunca hayan estudiado antes la historia de ese país», afirmó Venegas.

Expuso que uno de los resultados inmediatos de la clase de arte mexicano en los alumnos chicanos, es una consolidación de su identidad como estadounidenses orgullosos de provenir de México, una de las cinco culturas madres de la humanidad.

expresó

«Tengo la experiencia de verificar el aumento de la confianza que adquieren en sí mismos los estudiantes chicanos al estudiar el arte mexicano, y reconocerse vinculados y descendientes de una civilización crea-

Un mural chicano en la ciudad de Chicago.

tiva y llena de *sensibilidad* ante las artes, la ciencia   *sensitivity*
y las letras.»

«Asimismo, los estudiantes anglosajones y de otras
minorías étnicas estadounidenses reciben una imagen positiva de la cultura mexicana lo cual, como consecuencia, intensifica la comprensión entre las comunidades de raza blanca y negra con la comunidad
de ascendencia iberoamericana», afirmó la profesora.

Venegas fue precisa en señalar que la clase de arte
mexicano moderno enfatiza el análisis de las obras
pictóricas de los grandes muralistas como Diego Rivera, José Clemente Orozco y David Alfaro Siqueiros,
creadores de una escuela nacional mexicana que con-
quistó un lugar prominente en la historia del arte
moderno del siglo XX.

Las obras de Rufino Tamayo, Frieda Kahlo, José
Luis Cuevas y Francisco Toledo, todos ellos de fama
internacional, también son estudiadas en el curso de
arte mexicano contemporáneo.

«Yo creo que una de las razones por las cuales los
pintores mexicanos han *figurado* de forma intensa en   aparecido,
la historia del arte universal es por la continuidad del   tomado parte
arte maya, azteca, teotihuacano, etc., en la obra de los
artistas modernos como Rivera o Tamayo», afirmó la
especialista y apuntó:

«Esa continuidad de la idiosincrasia mexicana es
muy notable en el arte chicano *plasmado* en los mu-   creado
rales de los barrios méxico-estadounidenses del suroeste de los Estados Unidos. Los pintores chicanos
vuelven a repetir, como Siqueiros y Tamayo lo hicieron, la estética prehispánica en el arte moderno.»

Venegas concluyó al afirmar que las culturas mexicanas prehispánicas que se estudian en el curso son:
Tlatilco, Olmeca, Teotihuacán, Remojadas, Monte Al-
bán, Maya, Tolteca, Mixteca, Maya-Tolteca y Azteca.

Ejercicios

I. *Preguntas de contenido.*

1. ¿Qué ventajas tienen las clases de arte mexicano en los Estados
   Unidos, según la profesora Venegas?
2. ¿Cuáles son las clases de arte mexicano que se imparten en la
   universidad donde enseña la profesora Venegas?

3. ¿De qué medios auxiliares dispone esta profesora para enseñar sus clases?
4. ¿Qué efectos tienen estas clases en los alumnos chicanos?
5. ¿Qué efectos tienen estas clases en los estudiantes de origen no mexicano?
6. ¿Qué pintores mexicanos famosos se estudian en esas clases?
7. ¿Qué peculiaridad tiene el arte de Rivera y Tamayo, entre otros?
8. ¿Qué culturas mexicanas prehispánicas se estudian en estas clases?

II. *De cada oración, diga si es verdadera o falsa. Corrija las falsas, escribiendo un breve comentario de cada una.*

1. Las clases de arte mexicano son importantes en la lucha contra los prejuicios raciales.
2. La profesora Venegas se dedica, con exclusividad, al arte mexicano precolombino.
3. La clase *Barrio Murals and Art Traditions* estudia la pintura mural que se encuentra en la Ciudad de México.
4. La profesora Venegas llevó a cabo sus estudios doctorales en San José, Costa Rica.
5. La cultura mexicana es una de las cinco culturas madres de la humanidad.
6. Rivera, Orozco y Alfaro Siqueiros son grandes escritores mexicanos.
7. Casi todos los pintores mexicanos han roto con el pasado artístico de su país, iniciando un arte que carece de continuidad con el anterior.
8. La cultura azteca ya existía cuando los españoles llegaron a México.

III. *Sustituya las palabras señaladas por sinónimos, consultando el ensayo mismo y las glosas.*

1. La universidad *da* créditos por estas clases.
2. Hay una participación *en aumento* por parte de los artistas.
3. El Mills College es muy *afamado*.
4. Utilizan modernos sistemas *pedagógicos*.
5. *Igualmente,* hay un creciente interés en la pintura mural.
6. Los *estudiantes* reciben grandes beneficios.
7. Puedo *corroborar* el aumento de la confianza que adquieren.
8. Se reconocen *ligados* a una civilización creativa.
9. Pertenecemos a la comunidad de ascendencia *hispanoamericana.*
10. Esta clase *hace hincapié en* el análisis de las obras pictóricas.
11. El arte *contemporáneo* es el centro de sus observaciones.
12. Los *mexicoamericanos* vuelven a repetir la estética de sus antepasados.

IV. *Preguntas para iniciar una conversación.*

1. ¿Ha asistido Ud. alguna vez a un museo de pintura y escultura? Describa su visita.
2. ¿Qué prefiere Ud., la pintura o la escultura? ¿Por qué?
3. ¿Qué diferencia hay entre el graffiti y la pintura mural? ¿En qué se parecen ambas cosas? Desarrolle su respuesta.
4. ¿Qué otro tipo de museo ha visitado Ud.? Descríbalo.
5. ¿Ha estado Ud. alguna vez en un planetario? ¿Qué vio Ud. allí?

V. *Composición dirigida. «Una visita a un museo».*

1. Describa una visita que Ud. haya hecho a algún museo.
2. Explique con detalles lo que más le gustó en ese museo.
3. Diga cuál es su forma favorita de arte plástico, la pintura, la escultura, etc.
4. ¿Puede Ud. describir en qué consiste un «collage»?
5. ¿Cuál es, en el mundo entero, el cuadro o la escultura que a Ud. más le gusta? ¿Lo (la) ha visto en persona o en fotografías? ¿Puede explicar por qué le gusta tanto?

El teatro puertorriqueño en Nueva York

Bárbara A. Rivera

La comunidad puertorriqueña constituía el grupo de inmigrantes hispanos más numerosos a fines de la década de 1930. En la esquina de la calle 116 y la Quinta Avenida había un teatro, El Hispano, que tuvo una existencia de aproximadamente cuarenta años. *Su éxito* se debió, sobre todo, al hecho de que en sus espectáculos se le mostraba al público de habla española un aspecto de su cultura a través de canciones, música y bailes.

    su triunfo

Al iniciarse la década de 1940 hubo una gran ola migratoria puertorriqueña en Nueva York que *afianzó* aún más su cultura *autóctona*. Siendo este grupo en su mayoría de una clase social muy modesta, el tipo de teatro de su preferencia no era el mismo del que habían disfrutado los inmigrantes anteriores, pertenecientes a un grupo social de más *elevados* recursos económicos.

    reforzó
    nativa

    altos

Muchos de los espectáculos duraban solamente un día; hacia mediados de la década de 1940 existían algunos que se extendían por cuatro días consecutivos.

El Grupo Futurismo, fundado por Rolando Barrera, fue el primero en presentar espectáculos de larga duración. Este grupo se hizo famoso en poco tiempo. Otro se denominaba La *Farándula* Panamericana y se le reconocía como uno de los más profesionales de su época.

    compañía de actores y actrices

Aparentemente, el teatro puertorriqueño se enfrentaba con dos problemas: sus temas no se relacionaban directamente con el medio ambiente en que la audiencia se *desenvolvía* y como consecuencia de esto, el público no podía establecer una asociación entre su vida real, cotidiana y lo que sucedía en el escenario.

    desarrollaba

En el año 1954 ocurrió un cambio radical en este sentido que tuvo un fuerte impacto en cuanto a la

Inédito. (Adaptado y traducido del inglés)

participación de la audiencia en su teatro. *La carreta*,[1] del conocido dramaturgo puertorriqueño René Marqués, tuvo su primera presentación en Nueva York. El director de la obra fue Roberto Rodríguez, también responsable de su *estreno* en esta ciudad.   debut
Como la obra se refería a las vicisitudes de una familia puertorriqueña de extracción humilde que fue mudándose del campo de Borinquen a San Juan y finalmente, a Nueva York, se trataba, obviamente, de una temática con la que muchos inmigrantes podían identificarse.

Roberto Rodríguez se unió a Miriam Colón, que había sido una de las actrices que intervinieron en el estreno de *La carreta*, y ambos fundaron El Nuevo Círculo Dramático. Este fue el primer grupo teatral que tuvo su propio teatro para presentar sus funciones. Fueron muchas las *luchas* por las que tuvie-   struggles
ron que *atravesar*, especialmente de tipo financiero.   pasar
En ocasiones, los actores no recibían ningún *sueldo*   salario
por su trabajo. Hasta llegaron, ellos mismos, a ayudar con su propio dinero para poder continuar desarrollando su arte. Se llevaron a cabo bailes y fiestas para levantar fondos y los artistas mismos tenían que preparar hasta las comidas que se servían.

La situación era difícil pero ellos *no se dieron por*   did not give
vencidos. Hubo un momento en que el Cuerpo de   up
Bomberos cerró el teatro por razones de seguridad relacionadas con *incendios*. Llegó la década de 1960   fuegos
con diversos *altibajos* en el desarrollo del teatro puer-   ups and downs
torriqueño, o neorriqueño, como también se le conoce. En 1966 se fundó ADAL (Asociación de artistas latino-americanos), cuyo nombre después se cambió al de INTAR (*International Arts Relations, Inc.*). Esta compañía, que recibió un premio importante del Estado de Nueva York en 1974, todavía se encuentra activa.

En 1967 Miriam Colón fundó el Teatro Rodante Puertorriqueño (*Puerto Rican Traveling Theatre*). Como lo indica su nombre, empezó con sus presentaciones dramáticas en parques, plazas y hasta en las *aceras*. En 1974, al pasar frente a un cuartel de bom-   sidewalks
beros fuera de uso, Miriam Colón supo en ese instante que su grupo había encontrado un nuevo «hogar». Des-

[1] Carro largo y estrecho, generalmente hecho de madera, con dos ruedas. Se usa en el campo en las Antillas, para trabajos de agricultura. Suele estar tirado por bueyes o caballos.

pués de *diversos contratiempos*, el gobierno de la Ciudad de Nueva York le alquiló el local y, poco a poco, fueron hallando los medios para transformarlo en un teatro. El Teatro Rodante Puertorriqueño recibe ayuda financiera de organismos del gobierno federal tales como el *National Endowment for the Arts*, el *U.S.* *Department of Health, Education and Welfare*, el *U.S. Department of Housing and Urban Development*; también del *New York State Council on the Arts* y del gobierno de la Ciudad de Nueva York. Además, otras *empresas* privadas y fundaciones de otros tipos le prestan su ayuda. En 1982 este grupo celebró el aniversario número quince de su fundación. Aunque la mayoría de las obras que interpreta son de autores puertorriqueños, también llevan a escena otras de distintos escritores hispanos.

    Alrededor de la misma época en que se fundó el Teatro Rodante Puertorriqueño, también surgieron otras compañías de teatro hispano: *Spanish Theater Repertory Co.*, o Repertorio Español, Nuestro Teatro, *Dumé Spanish Theater* y Dúo. En la década de 1970 el teatro puertorriqueño *fue más afortunado* que en

varias vicisitudes

compañías

tuvo más suerte

Nuestro Teatro

112 EAST 23RD STREET NEW YORK, NEW YORK 10010
(212) 673-9430

Anillos para una Dama
by Antonio Gala

años anteriores pues ambos, el gobierno estatal y el
federal, le *concedieron* ayuda económica y con esto,   **dieron**
la oportunidad de desarrollarse.

Desgraciadamente, los ochenta han traído un gran
número de vicisitudes para las artes populares en los
Estados Unidos debido a la falta de apoyo guberna-
mental. Algunas presentaciones se hacen en inglés,
en vez de emplear el español, con el propósito de atraer
más público. Muchos de los artistas que comenzaron
su carrera en el teatro puertorriqueño, han tenido que
cambiarse para el teatro no étnico, para poder sobrevivir. Los actores y actrices hispanos trabajan en el
teatro como temporeros, no pudiendo hallar un medio
permanente de subsistencia en él. El amor a su cultura y a su arte los mantiene activos en una profesión
que implica numerosos sacrificios: *ensayos* cons-   *rehearsals*
tantes, paga baja, frialdad de parte de la crítica en
general. Para tres fines de semana de presentaciones
se necesitan meses de ensayos. Es obvio que el actor
o la actriz del teatro puertorriqueño o hispano, en un
sentido más amplio, disfruta de su profesión y muestra un interés enorme en la propagación y el mantenimiento de su identidad étnica a través del arte dramático. También, mediante estos espectáculos los
hispanos pueden demostrarle al público su talento y
su interés en que se les reconozca como lo que son,
un grupo étnico que aporta un abundante *caudal* de   **cantidad**
riqueza cultural a la sociedad norteamericana. Está
en nosotros, los hispanos que constituimos la audiencia teatral, el continuar apoyando al teatro puertorriqueño con nuestra presencia en sus espectáculos,
nuestro entusiasmo, nuestros aplausos. De esta manera, en un futuro no muy lejano, el teatro neorriqueño podrá un día formar parte del mundialmente
reconocido *Broadway Theater*.

Ejercicios

I. *Preguntas de contenido.*

1. ¿Por qué el teatro El Hispano de Nueva York tuvo éxito?
2. ¿Qué diferencia general había entre los inmigrantes puertorriqueños de la década de 1940 y los que ya residían en Nueva
   York?

3. ¿Qué grupos empezaron a presentar espectáculos de larga duración? *El Grupo Futurismo; La Farándula Panamericana*
4. ¿Cuáles eran los dos problemas principales con los que se enfrentaba el teatro puertorriqueño de esa época?
5. ¿Qué importancia tuvo el estreno de *La Carreta* en la historia del teatro puertorriqueño de esa época? *Los inmigrantes podían identificarse.*
6. ¿Por qué Miriam Colón tiene tanta importancia en el desarrollo del teatro puertorriqueño en Nueva York? *fundó el Teatro Rodante P.R.*
7. ¿Qué significan ADAL e INTAR?
8. ¿Qué es el Teatro Rodante Puertorriqueño?
9. ¿Qué organismos gubernamentales lo ayudan?
10. ¿Qué otros grupos teatrales se fundaron en la misma época?
11. ¿Qué vicisitudes ha traído la década de 1980 para el teatro de habla española en Nueva York?
12. ¿Qué debe hacer el público hispano para ayudar a su teatro étnico?

II. *Familias léxicas. Escriba un derivado de cada palabra de esta lista. Después escriba una oración completa, empleando cada derivado.*

> **EJEMPLO** grupo—*agrupación*
> *Se formó una **agrupación** para proteger los derechos de los inmigrantes.*

1. música
2. canción
3. baile
4. teatro
5. carro
6. humilde
7. tema
8. actor
9. arte
10. diverso

III. *Complete cada oración con una de las palabras o frases que aparecen a continuación.*

a fines de
mundialmente
afianzar
reconocido
se hizo

surgió
el medio ambiente
poco a poco
disfrutan de

1. Los artistas puertorriqueños _____ su arte.
2. El público no podía asociar la obra teatral con _____ en que vivía.
3. El teatro de Broadway es _____ .
4. Miriam Colón _____ famosa con la fundación del Teatro Rodante Puertorriqueño.
5. _____ la década de 1970, este teatro empezó a tener más suerte.
6. Los actores y actrices hispanos quieren _____ su cultura a través de sus espectáculos.

7. Ellos, _____ , fueron encontrando los medios para establecerse.
8. El grupo Nuestro Teatro _____ más o menos en la misma época.

IV. *Preguntas para iniciar una conversación.*

1. ¿Cuál es su obra teatral favorita? Explique su respuesta.
2. ¿Qué ventajas y desventajas tiene el cine en comparación con el teatro?
3. ¿Prefiere Ud. las obras teatrales cómicas o las trágicas y por qué?
4. ¿Qué obras de teatro se presentan en la televisión? Cuéntele a la clase alguna que Ud. haya visto.
5. ¿Ha participado Ud. alguna vez en una obra teatral? Comparta sus experiencias al respecto con sus compañeros de clase.

V. *Composición dirigida. «Mi obra teatral favorita».*

1. ¿Cuál es su obra teatral favorita? Desarrolle el tema, explicando por qué.
2. ¿Ha leído Ud. esta obra o la ha visto representada? Explique sus reacciones al leerla o al verla.
3. ¿Cómo compara Ud. a los actores y actrices teatrales con los de cine? Explique su respuesta.
4. ¿Qué opinión tiene Ud. del teatro étnico? ¿Cree Ud. que puede alcanzar al público en general o sólo al que comparte esa misma etnicidad?
5. ¿Cree Ud. que la televisión debe presentar obras teatrales étnicas, aun traducidas al inglés? ¿Por qué, por qué no?

El merengue dominicano
Catherine Guzmán

El merengue dominicano es un baile popularísimo en los Estados Unidos. No falta nunca en los *guateques* hispanos y aun en las clases de *bailes de salón* de instituciones tan anglosajonas como la *Young Men and Young Women Christian Associations* (*YMCA* e *YWCA*) *figura* siempre en el programa. El *paso* del merengue es fácil de aprender y su ritmo hace que el cuerpo, con naturalidad, se mueva siguiendo el *compás* de su *pegajosa* melodía. Merengues como «El negrito del batey»,[1] «El hombre marinero» y «Apágame la vela, María» entre otros muchos, le han dado la vuelta al mundo.

fiestas
ballroom dances

aparece; *step*

rhythm
contagiosa

Santo Domingo ha sido declarada la *cuna* musical del Nuevo Mundo por muchos expertos. Fue en Quisqueya[2] que la reina india Anacaona[3] dio la primera demostración de danzas aborígenes tales como el areíto,[4] para conmemorar ocasiones especiales. Más tarde, la música española tuvo una influencia dominante, primero a través de la iglesia y después con la importación de la música popular y de la guitarra. Con la llegada de los esclavos africanos, esa música popular comenzó a adquirir un acento rítmico característico de la cultura del África. No todos los musicólogos admiten esa influencia; hay quien insiste en que la música folklórica dominicana se deriva directamente de la española, después de ajustarse a los

cradle

[1] El batey es el terreno en que se construyen los ingenios (*sugar-cane factories*) en las Antillas.
[2] Nombre indio de la isla de Santo Domingo.
[3] Hermosa y genial poeta india quisqueyana, esposa de un cacique (jefe indio). Según la historia, fue perseguida por un gobernador español en la época colonial.
[4] Canto y baile popular de los antiguos indios de las Antillas.

Catherine Guzmán, «Pónmelo ahí que te lo voy a partir. Sex and Violence in the Merengue», en Rose S. Minc, ed., *Literature and Popular Culture in the Hispanic World*, A Symposium (New Jersey: Montclair State College, Hispamérica, 1981), pp. 173–183. (Adaptado y traducido del inglés)

gustos locales, y que sólo por accidente recibe cierto influjo de los ritmos africanos. Se ha comparado el compás del merengue con la cadencia del *tambor* que marca los pasos de un batallón en marcha y, aún más, con el *tañido* de las campanas que se emplean en las iglesias para llamar a los fieles a la misa.

drum

sonido

El merengue es, hoy día, el baile/canto nacional de la República Dominicana. Es la forma más popular de expresión musical y se le reconoce internacionalmente como sinónimo de la cultura dominicana. Sus orígenes no son claros. Algunos aseguran que se originó en Cuba. Hacia 1842 se convirtió en la música preferida del pueblo puertorriqueño hasta que fue prohibida por el gobernador de la isla de aquella época. Parece ser que el merengue se bailó por primera vez en Santo Domingo en un campamento de soldados dominicanos durante la batalla de Talanquera, en la provincia de Montecristi, en 1844. Los dominicanos estaban perdiendo la batalla que sostenían contra los

Bailan al compás del merengue.

colonizadores españoles y el *abanderado*, Tomás
Torres, *huyó*. Esa misma noche, las tropas dominicanas volvieron a ocupar una posición ventajosa y se
compuso el merengue que sirvió para satirizar la co-
bardía de Tomás:

> Tomás *juyó* con la bandera
> Tomás juyó de Talanquera
> Si fuera yo, yo no juyera
> Tomás juyó con la bandera.

El merengue fue, al principio, modo de expresión
exclusiva del campesino y de la clase rural. La clase
«educada» lo recibió en forma negativa y hasta se estableció una campaña en contra de esa expresión musical y poética en la prensa del siglo XIX. Se le acusó,
como baile, de tener movimientos indecentes. A pesar
de esto, siguió ganando popularidad. *La letra*, simple
en sus inicios, fue cambiando y empezó a contener
crónicas policiacas, elementos de la vida doméstica,
de los *papeles* que hombres y mujeres *desempeña-
ban* en la sociedad dominicana y elementos de violencia verbal y física. Algunos merengues mostraban un
fuerte nacionalismo y cantaban *alabanzas* de los líderes de la nación y de distintas situaciones políticas,
entre ellas la intervención norteamericana en el país.

Durante la Primera Guerra Mundial hubo una epi-
demia de *viruela* que se convirtió en tema para un
merengue, «La *Papeleta*», que alcanzó gran popularidad.

Las clases sociales altas continuaron *rechazán-
dolo*, a pesar de los esfuerzos de algunos compositores
«serios» que trataron de conseguir su aceptación por
parte de esos elementos de la sociedad dominicana.
Se trató de hacer del merengue una expresión genuinamente folklórica cuyas letras se referían a estampas
regionales de las peleas de gallos,[5] juegos populares,
el vendedor de *maní*, la caña de azúcar, etc. Finalmente se llegó a un acuerdo: el merengue se toleraría
como baile de campesinos, pero en la ciudad sólo se
admitiría en el teatro, como un medio de conservar
las tradiciones *patrias*.

En el año de 1930 el Generalísimo Rafael Trujillo,
dictador de Santo Domingo, organizó una campaña

---

[5] Deporte popular en las Antillas, especialmente entre campesinos. Consiste en hacer
pelear a dos gallos hasta que uno mata al otro con sus espolones (*spurs*).

Glosas al margen:

- el que lleva la bandera se escapó
- huyó
- the lyrics
- roles representaban
- cumplidos/ *compliments, praises*
- small pox
- papelito/*ticket*
- desaprobándolo
- peanut
- de la patria

basada en el merengue. Iba de pueblo en pueblo acompañado de un cuarteto que cantaba sus futuras glorias y sus promesas para la gente, con ritmo de merengue. Trujillo consiguió que el merengue entrara en las esferas de la alta sociedad *capitalina*, rompiendo así las barreras de la estructura de clases. El merengue era, según él, su baile favorito y exigía que se tocara siempre en los distintos eventos sociales, a veces con una *acogida* bastante negativa por parte de los miembros de la élite dominicana.

de la capital

recibimiento

A mediados de la década de 1930, con el auge de la radiodifusión, el merengue comenzó a alcanzar renombre internacional. «Compadre[6] Pedro Juan» le dio la vuelta al mundo y se llegó a conocer como el segundo himno nacional de la República Dominicana. Hacia 1936, «*the big band era*», o época de las orquestas monumentales, el merengue se extendió definitivamente, primero por toda Hispanoamérica y, *claro está*, a través de los Estados Unidos, donde los ritmos y bailes latinos se hacían cada vez más populares. Aunque la letra no se entendiera, el ritmo de la danza atraía a los norteamericanos.

por supuesto

Un gran número de merengues, como se dijo antes, narran episodios de fuerte contenido sexual, al extremo de que algunos se han prohibido después de algún tiempo. En general, se *realza* el machismo del hombre dominicano y la cualidad inferior de la mujer que debe estar subyugada a él. Junto al sexo, aparece la violencia, en ocasiones sin justificación de ninguna clase. A pesar de la reverencia que la sociedad dominicana muestra generalmente por la figura de la madre de familia, hay merengues que se refieren a ella de modo *despectivo*. Otros presentan a la esposa como figura dominante y *temible*, especialmente en el caso de que el marido haya cometido adulterio.

hace hincapié en

peyorativo
que se teme

En los Estados Unidos el merengue interesa exclusivamente, al menos dentro del grupo no hispanohablante, como forma de baile. El *cieguito* de Nagua, Cuco Valoy, Joseíto Mateo, Rubén del Rosario y Johnny Ventura son algunos de los muchos nombres que los coleccionistas de discos buscan cuando están seleccionando música bailable latina para escuchar y,

persona que
no ve/*blind*

---

[6] Nombre que se usa recíprocamente entre el padrino (*godfather*) de un niño y el padre de éste. Entre la madrina (*godmother*) y la madre, se emplea el término *comadre*. Por extensión, se usan también estos nombres entre personas que son amigas.

sobre todo, para bailar. El merengue, desde hace años, ocupa un lugar prominente en el repertorio de los *con-*   *combos*
juntos y orquestas populares norteamericanos y todo parece indicar que continuará en esa posición en los años venideros.

Ejercicios

I. *Preguntas de contenido.*

1. ¿Qué es el merengue, además de un dulce (*meringue*)?
2. ¿Qué importancia tiene Santo Domingo en la historia musical del Nuevo Mundo?
3. ¿Qué elementos diversos integran la música dominicana?
4. ¿Cuándo se compuso el primer merengue y en qué circunstancias?
5. ¿Cuál fue la reacción de las clases sociales altas frente al merengue?
6. ¿Qué elementos folklóricos aparecían en los merengues?
7. ¿Qué influencia tuvo Trujillo en la aceptación del merengue en Santo Domingo?
8. ¿Qué sucedió a mediados de la década de 1930?
9. ¿Cómo se introdujo el merengue en los Estados Unidos?
10. ¿Qué narran muchos merengues?
11. ¿Cuál es el interés principal de los angloamericanos en el merengue?
12. ¿Puede Ud. nombrar a algunos intérpretes y compositores de merengues?

II. *Diga de cada oración, si es verdadera o falsa. Corrija las falsas, escribiendo un breve comentario sobre cada una.*

1. El merengue dominicano es bien conocido fuera de la isla.
2. El merengue es un baile complicado y difícil de aprender.
3. Quisqueya fue el nombre que Colón le dio a la isla de Santo Domingo.
4. Es cien por ciento seguro que la música dominicana se deriva totalmente de la africana.
5. En la batalla de Talanquera, los patriotas dominicanos lucharon contra los invasores haitianos.
6. En el siglo XIX, el merengue era el baile preferido por la alta sociedad capitalina.
7. Las peleas de gallos constituyen un deporte popular en las Antillas.
8. Rafael Trujillo estaba a favor del merengue como expresión musical dominicana.

9. «Compadre Pedro Juan» es el verdadero himno de la República Dominicana.
10. En muchos merengues se expresa la libertad sexual de que disfrutan las mujeres dominicanas.
11. Los norteamericanos anglohablantes se interesan, principalmente, en la letra de los merengues.
12. El merengue está en proceso de extinción como baile.

III. *Escriba la palabra o frase que corresponde a cada definición. Todas están en el artículo.*

1. Sinónimo de *fiestas*. _____
2. Algo que se pega. _____
3. El terreno donde se construye un ingenio. _____
4. El hombre que trabaja en el mar. _____
5. Expresión musical de los indios precolombinos de las Antillas. _____
6. Instrumento que se usa en las iglesias para llamar a los fieles a misa. _____
7. Persona que lleva la bandera. _____
8. Antónimo de *desventaja*. _____
9. Antónimo de *positiva*. _____
10. Enfermedad muy contagiosa, tema del merengue «La Papeleta». _____
11. Planta de la que se obtiene el azúcar y que abunda en las Antillas. _____
12. Sinónimo de *preferido*. _____
13. Los que son de la América del Norte. _____
14. Antónimo de *aceptado*. _____
15. Los que hablan español. _____

IV. *Preguntas para iniciar una conversación.*

1. ¿Sabe Ud. bailar? ¿Cuál es su baile favorito y por qué?
2. ¿Por qué cree Ud. que la música latina es tan popular en los Estados Unidos? Explique su respuesta.
3. ¿Qué tipos de música folklórica conoce Ud.? ¿Y bailes folklóricos? ¿Puede describir cómo se bailan algunos de ésos?
4. ¿Qué opina Ud. de las discotecas y de la música «disco» y «hustle»? Desarrolle su respuesta.
5. ¿Cree Ud. que el baile es un buen ejercicio? ¿Por qué, por qué no?

V. *Composición dirigida. «Mis bailes favoritos».*

1. Diga cuáles son sus bailes favoritos y por qué. Describa cómo se bailan.
2. Describa una discoteca.

3. Explique qué ventajas tienen los bailes tipo «disco» (*disco dancing*) como ejercicio para el cuerpo humano.
4. Describa algún baile folklórico que Ud. conozca.
5. ¿Qué ventajas sociales tienen los bailes? (Conocer a otras personas, encontrar novio o novia, hacer conexiones para poder asistir a otras actividades, etc.). Sea original.

Selección de poesías de autores cubano-americanos

MI LAGARTO[1]   *Maya Islas*

La Tierra mía *se me retuerce*;   *twists on me*
la recuerdo
con su olor a *selva,*   **jungla**
y su respirar de animal herido.
Se me envuelve la idea   *envelops me*
que la fuerza divina
me la fue *estrujando* . . .   **arrugando,**
. . . quitándole *trozos* . . .   *crushing;*
                                                    pedazos,
. . . cortándola;   **piezas**
como un barco de juguete
que se cayó en la corriente
y va navegando de lado . . .
. . . Porque no quiso ser redonda
ni cuadrada,
sólo un *garfio* en la boca del planeta;   *hook*
mi lagarto . . .
mi lagarto con olor a rosas,
pequeño y perdido,
. . . mi verde Juana[2] . . .
. . . mi animal herido.

Sola . . . desnuda . . . sin nombre . . . (New Jersey: Editorial Mensaje, 1974), p. 14.

A VECES   *Uva A. Clavijo*

A veces siento que soy una fuente
que *se desborda* hacia dentro.   *overflows*

Las flores de la duda crecen en mis ojos
mientras la noche *araña* mis sueños.   *scratches*

A veces . . . recuerdos e ilusiones se me mezclan.
Campos de batalla, una *manejadora* negra,   **niñera,** *baby-*
pastelitos de guayaba[3] a la salida de la escuela. *sitter*
Guerra, frío, soldados muertos.
Mi madre *adornando un nacimiento.*   *decorating a*
Un poema de Heredia.[4] Hombres. Ciudades.   *Nativity scene*

---

[1] Generalmente se compara a Cuba con un caimán (*alligator*) o un lagarto (*lizard*) porque la forma de la isla se parece a la de esos animales.
[2] Nombre que le dio Colón a Cuba cuando la descubrió, en honor a una hija de los reyes de España, Fernando e Isabel la Católica.
[3] Dulce cubano muy popular que consiste en una pasta de hojaldre (*puff pastry*) rellena de mermelada de guayaba (*guava*).
[4] José María de Heredia, famoso poeta cubano del siglo XIX. Escribió un conocido poema al Niágara.

Dios. Noche. Soledad. Patria. *Destierro.*   **Exilio**
El tiempo *detenido. Imprevisible.*   **inmóvil;**
Miserias. Esplendor. ¡Lo eterno!   *unforeseeable*

A veces, creo verle la cara a la inocencia
y otras veces me parece que converso con la
muerte.

A veces . . . me pesan demasiado los sueños *mar-*   *wilted*
chitos
y las memorias *gastados.*   *worn out*

Entonces, *mido* mi cuerpo con el de un hombre,   *I measure*
beso a mis hijas en la frente,
escribo un poema y espero *el alba.*   **el amanecer**

Hasta un día, en que se desborde hacia fuera la
fuente . . .

Versos de exilio, 3d ed. (Miami: Edición Aniversario, 1977), pp. 23–24.

MIAMI 1980   *Uva A. Clavijo*

Aquí, Miami, mil novecientos
ochenta, y mi soledad.
Una ciudad entre soles
y *odios.*   *hatred*
Cien mil seres humanos
buscando un sueño.
De la Isla al continente,
la esperanza brillando
a lo lejos.
Mirad[5] Liberty City[6]
entre *escombros y rabia.*   *ruins and*
Aun así –dadme   *rage*
un vaso entre las manos,
o una tribuna,
y algunos *conocidos*   *acquaintances*
(ni siquiera es necesario
amigos) o hasta extraños
que pretendan escucharme.
Y diré que sí, que *con todo,*   **a pesar de**
vale la pena . . .   **todo;** *it is*
          worth it

[5] Aunque las formas verbales correspondientes a *vosotros, vosotras* no se emplean
generalmente en el español hispanoamericano, es bastante común encontrarlas en la
poesía.
[6] Zona en la ciudad de Miami en la Florida, donde viven muchas personas de la raza
negra. Ha sido un sitio de frecuentes disturbios raciales.

Aquí, Miami, mil novecientos
ochenta, ¡tanto progreso!
¡tanto *atraso*! Y mi *asombrada*   *backwardness;*
soledad.   **sorprendida**

Entresemáforos (Between traffic lights) (Miami: Ediciones Universal, 1981), p. 49.

DECLARACIÓN   *Uva A. Clavijo*

Yo, Uva A. Clavijo,
que salí de Cuba todavía una niña,
que *llevo* exactamente la mitad de mi vida en el   **he pasado**
exilio,
que tengo un marido con negocio *propio*,   *own*
dos hijas nacidas en los Estados Unidos,
una casa en los «suburbios»
(*hipotecada hasta el techo*)   *completely*
y no sé cuántas tarjetas de crédito.   *mortgaged*
Yo, que hablo el inglés casi sin acento,
que amo a Walt Whitman
y hasta empiezo a *soportar* el invierno,   *put up with*
declaro, hoy último lunes de septiembre,
que cuando pueda lo dejo todo
y regreso a Cuba.
Declaro, además, que no iré
a vengarme de nadie,
ni a recuperar propiedad alguna,
ni, como muchos, *por eso*   **con la idea**
de bañarme en Varadero.[7]
Volveré, sencillamente,
porque cuanto soy
a Cuba se lo debo.

Versos de exilio, pp. 60–61.

MI FAMILIA   *Alberto Romero*

Mi familia, con el paso de los años,
se ha convertido en recuerdos:
Tarjetas de bautizos,
una película que nadie olvida
y un tema musical.

---

[7] Playa situada en la costa norte de Cuba, considerada por algunas personas como una de las más hermosas del mundo. Ha sido siempre muy popular para el turismo, tanto nacional como extranjero.

Los vecinos, los amigos,
mi abuela, mi suegra y mi sobrino,
fueron muriendo sin premeditado interés,
como es tradición,
para convertirnos en una familia
que nunca come unida,
una casa en la que ya nadie ríe
y donde nunca existe un día de fiesta.

Allá, hay sólo unos pocos
y yo, desde lejos, les envío mis fotos
y de vez en cuando
una cuchillita de afeitar.[8]

Desde el pueblo donde vivo (Hoboken, N.J.: Ediciones Contra Viento y Marea, 1978),
p. 51.

HOY ME VOY A VESTIR COLOR DE PATRIA
Alina Hernández

Hoy me voy a vestir	
color de patria.	
A *prender* a mi voz	pin
el viejo acento,	
y me voy a *lanzar*	arrojar, tirar,
a la *contienda*.	echar;
	batalla, lucha
Voy a enfrentarme a la verdad:	
estoy aquí,	
porque escogí el camino.	
Porque tracé una línea	
entre el miedo y la *espina*	thorn
y decidí en la herida.	
Yo soy quien llora.	
Pero sabía que el llanto	
era mi amigo.	
Estoy aquí, *desalojada* de mi sangre,	desposeída
pero no me confundo.	
No dudo. No vacilo.	
Ni siquiera me concedo a mí misma	
una flaqueza.	una debilidad
Lo que fui ayer, soy hoy,	
seré después y siempre,	
para toda la vida si es preciso.	

[8] Es común que los cubanos que viven fuera de la isla envíen cuchillitas de afeitar
(*razor blades*) dentro de las cartas que escriben a sus parientes porque en Cuba, en
ocasiones, ha habido escasez de ellas.

La que muere soy yo.
Eternamente aislada de mi suelo.
Categóricamente convencida.
Absurda y pobre,
como cuando
le dije adiós a Cuba.

Razón del mar (Madrid: Editorial Playor, 1976), pp. 38–39.

SIEMPRE HAY UN CRISTO *Rita Geada*

Entre aquellos que en el mundo
viven y mueren
siempre hay
un Cristo crucificado.

Hombre o País
siempre hay
un altar de sangre
donde la ignominia,
el egoísmo,
o simplemente
el *desamor* ofician.   la falta de
Cada día   amor
aquí o allá,
en todas partes
un hombre muere y morirá
clamando por justicia.

En Ana Rosa Núñez, ed., *Poesía en éxodo* (Miami: Ediciones Universal, 1970), p. 267.

CANCIÓN DEL NIÑO IMPOTENTE *Julio E. Hernández Miyares*

Lagarto verde esmeralda
¡qué penas me vas trayendo!

¿Por qué cantas niño *ingrato*   sin gratitud
y no me sacas del agua?

—Lagarto verde esmeralda
mis manos están *atadas*   *tied up*
y no puedo *rescatarte*.   *rescue you*

—No desmayes niño ingrato,
mi suerte está en tus *desvelos*—.   preocupacio-
                                     nes
Lagarto verde esmeralda
¡qué penas me vas trayendo!,
y sólo puedo cantarte.

En Ana Rosa Núñez, ed., *Poesía en éxodo*, p. 316.

Ejercicios

I. *Preguntas de contenido.*

1. ¿Cuál es el tema que aparece con más frecuencia en esta selección de poesías cubano-americanas?
2. ¿Por qué se compara a Cuba con un lagarto?
3. ¿Quién le dio a Cuba el nombre de Juana y por qué?
4. ¿Cómo expresa el sentimiento de nostalgia Uva Clavijo en su poesía «A veces»?
5. ¿Por qué esa misma poeta se expresa duramente acerca de la ciudad de Miami en su poesía «Miami 1980»?
6. ¿Cuál es la razón principal que Uva Clavijo tiene en «Declaración» para querer regresar a Cuba?
7. ¿Qué le ha sucedido a la familia de Alberto Romero en su poesía «Mi familia»?
8. ¿Cómo percibe Ud. el sentimiento de tristeza que Alina Hernández expresa en «Hoy me voy a vestir color de patria»?
9. ¿Con qué compara a Cristo Rita Geada en su poesía «Siempre hay un Cristo»?
10. ¿Qué tipo de impotencia expresa Julio Hernández Miyares en su «Canción del niño impotente»?

II. *Escriba un sinónimo de cada palabra señalada. Consulte el texto de las poesías y las glosas.*

1. Cuba tiene olor a *jungla*.
2. La fuerza *de Dios* me la fue estrujando.
3. Le estaba quitando *pedazos*.
4. Ella tenía una *niñera* negra.
5. Ellas empezaron a *decorar* el nacimiento.
6. El *exilio* es bastante triste.
7. A veces creo que *dialogo* con la muerte.
8. Quiero escribir *una poesía*.
9. *Las personas* buscan un sueño.
10. Sus *amistades* no le escribían cartas.
11. ¡Tanto *adelanto* y tanto atraso a la vez!
12. Estoy *sorprendida* en mi soledad.
13. Pronto voy a *volver* a Cuba.
14. No deseo *recobrar* mis propiedades.
15. En esta familia nunca existe un día *feriado*.
16. Me voy a *arrojar* en sus brazos.
17. La *lucha* fue fuerte, terrible.
18. Me encuentro *desposeída* de mi sangre.
19. No me permito ninguna *debilidad*.
20. *La falta* de amor es causa de muchos problemas mundiales.

III. *Escriba una oración completa con cada palabra o frase. Después, traduzca cada oración al inglés.*

1. la tierra mía
2. desbordarse
3. estrujar
4. a la salida de
5. ni redonda ni cuadrada
6. tener esperanza
7. vale la pena
8. un negocio propio
9. llevo un año
10. hipotecar
11. vengarse
12. el egoísmo

IV. *Preguntas para iniciar una conversación.*

1. ¿Qué significa para Ud. el patriotismo? Explique su respuesta.
2. ¿Está Ud. de acuerdo con el nacionalismo extremo o favorece Ud. una postura intermedia, más universalista? ¿Por qué?
3. ¿Cuáles son los símbolos patrióticos en los Estados Unidos? Descríbalos, uno por uno.
4. La mayoría de las personas que están fuera de su patria sienten nostalgia. ¿Cómo explica Ud. ese sentimiento?
5. ¿Le gustaría a Ud. vivir en un país extranjero? ¿Por qué, por qué no? En caso de una respuesta afirmativa, ¿dónde y por qué?

V. *Composición dirigida. «Mi paisaje (landscape) preferido».*

1. ¿Cuál es su paisaje preferido: el mar, las montañas, una isla, el campo, la ciudad? ¿Por qué?
2. Describa con detalles uno de sus sitios favoritos. Describa formas, colores, etc.
3. ¿Cómo conoce Ud. ese sitio: en persona, a través del cine o la televisión, de un libro?
4. ¿Le gusta a Ud. ir a un lugar favorito en compañía de alguien o prefiere la soledad? ¿Por qué?
5. ¿Le gustaría escribir una poesía sobre ese sitio o paisaje? ¿Cuáles son algunas frases líricas que Ud. emplearía en su descripción?

CAPÍTULO 5
La prensa hispana en Los Ángeles, Miami y Nueva York

Conversación entre un profesor de Estudios Chicanos y algunos de sus estudiantes

El profesor Hilario Gómez imparte un curso de Estudios Chicanos en una universidad de los alrededores de la ciudad de Los Ángeles en California. Les ha pedido a sus estudiantes que hagan una investigación sobre la prensa hispana en los Estados Unidos. La clase se ha dividido en tres grupos. De los treinta estudiantes que la componen, diez han estudiado *La Opinión*, el diario hispano más importante de Los Ángeles, otros diez han estado investigando sobre *Las Américas* de Miami y finalmente, los diez *restantes*,   remaining
se ocuparon de *El Diario-La Prensa* de Nueva York. En líneas generales, cada diario se dirige, respectivamente, a las comunidades chicana, cubana y puertorriqueña.

En el día de hoy, tres estudiantes, cada uno representando a su grupo, van a dar un informe sobre los resultados de sus investigaciones. Joaquín Valdés, representante del grupo número uno, comienza su *ponencia*.   discurso

—*La Opinión* tiene una circulación de unos 55,000 *ejemplares* diarios. Está escrito totalmente en es-   copies

129

pañol. Su formato es semejante al de cualquiera de los periódicos en lengua inglesa más importantes de los Estados Unidos. La edición *dominical* contiene su-   del domingo
plementos sobre distintos aspectos culturales hispa-nos, especialmente chicanos. También incluye *tiras*
cómicas que no son más que una traducción de las   comics
mismas que aparecen en los periódicos en inglés.

PROFESOR GÓMEZ. —¿Qué aspectos del periódico les interesaron más a Uds.?

SR. VALDÉS. —En conjunto, las crónicas sociales re-sultaron ser un aspecto fascinante del diario. Son muy diferentes de las que *salen* en los periódicos de la co-   aparecen
munidad anglohablante y reflejan, muy claramente, ciertos aspectos de nuestra cultura hispana, sobre todo los relacionados con la religión, las estructuras sociales y los papeles diferentes que *desempeñan* el   tienen
hombre y la mujer dentro de la familia y de la socie-dad.

PROFESOR GÓMEZ. —¿Cuál es la postura política del periódico?

SR. VALDÉS. —Claramente pro chicanismo; yo diría que hasta pro México. *La Opinión* contiene muchas noticias sobre eventos que ocurren en nuestro país de origen, así como también en otros países del mundo hispanohablante. Volviendo a lo político, yo creo que se trata de un periódico bastante liberal, aunque no todos los miembros de nuestro grupo *estuvieron de*   agreed
acuerdo en este punto.

PROFESOR GÓMEZ. —Muchas gracias, Sr. Valdés. Va-mos ahora a escuchar lo que nos tiene que decir la Srta. Elvira Suárez que va a representar al grupo que estudió *Las Américas* de Miami.

—Profesor, *Las Américas* es el diario de la comu-nidad cubana de Miami. Tiene una *tirada* de, apro-   circulación
ximadamente, 65,000 ejemplares cada día. En su for-mato externo, se parece mucho a *La Opinión*, pero nuestro grupo ha llegado a la conclusión de que, en cuanto al contenido, es muy diferente.

PROFESOR GÓMEZ. —¿Qué quiere Ud. implicar con esto?

SRTA. SUÁREZ. —Primeramente, el consenso general fue de que se trata de un periódico muy conservador en cuanto a la política estadounidense. Con respecto a su cubanismo, éste es muy fuerte, pero claro que basado en la Cuba anterior al año 1959. *Las Américas* es un periódico que no acepta ninguna clase de arreglos ni «*medias tintas*» con el gobierno comunista de Fidel Castro. Es, abiertamente, anticastrista y yo afirmaría que se siente satisfecho y orgulloso de serlo. *compromises*

PROFESOR GÓMEZ. —Muy interesantes sus observaciones. ¿Cómo compara Ud. las crónicas sociales de *Las Américas* con las de *La Opinión*, después de haber oído los comentarios de su compañero, el Sr. Valdés?

SRTA. SUÁREZ. —Pues nuestro grupo recibió el mismo impacto: son documentos fascinantes para el estudio de diversos *rasgos* culturales cubanos. Como dijo Joaquín con respecto a *La Opinión*, se pueden observar en esas crónicas muchas de las costumbres y ceremonias sociales y religiosas que los cubanos, como aquí los chicanos, conservan a pesar de encontrarse fuera de su patria. *features*

PROFESOR GÓMEZ. —¿Hay algo en particular que les haya llamado la atención a Uds.?

SRTA. SUÁREZ. —Varios de nosotros nos encantamos leyendo sobre las fiestas de las quinceañeras.[1] Es curioso, entre nosotros los chicanos siempre se celebran con una misa por el día; por la noche, tenemos la fiesta. En las crónicas de *Las Américas* nunca encontramos una *reseña* de estas celebraciones que mencionara la misa. Parece que no se *estila*, entre cubanos, esa ceremonia como parte de las fiestas de quinceañeras. Ah, antes de que se me olvide. *Las Américas* contiene algo que no aparece en *La Opinión*: una columna sobre la lengua española. Aparece diariamente y se ocupa del mantenimiento de la pureza de la lengua. Parece que la comunidad cubana, por tratarse de un grupo de inmigrantes que han llegado aquí recientemente, en comparación con nosotros los chicanos y con los puertorriqueños, tiene mucho *empeño* en mantener el español libre de anglicismos. *review* / *usa, está de moda* / *interés*

PROFESOR GÓMEZ. —¿Es el español la única lengua que emplea ese periódico?

SRTA. SUÁREZ. —Sí, pero el editorial siempre tiene una traducción inglesa. También vimos distintos anuncios clasificados en esta lengua.

---

[1] Del mismo modo que en los Estados Unidos se celebran los dieciséis años (*sweet sixteen*) de las chicas, entre hispanos se celebran los quince años. Generalmente, este es un evento muy importante para las muchachas.

PROFESOR GÓMEZ. —Gracias, Srta. Suárez, por sus valiosas observaciones. Quiero darle ahora la oportunidad a la Srta. Janice Ochoa que va a hablarnos de *El Diario-La Prensa* de Nueva York. Srta. Ochoa, *tiene Ud. la palabra.* *you have the floor*

SRTA. OCHOA. —Profesor, *El Diario-La Prensa* se presenta en forma de tabloide, así que en su aspecto externo difiere de los otros dos que se han mencionado. Su tirada es de 63,000 ejemplares diarios, según parece. Aunque se dirige, principalmente, a la comunidad neorriqueña, también contiene mucho material relativo a los dominicanos y a los cubanos del área, no sólo de Nueva York, sino también de Nueva Jersey. Algo me viene a la mente de inmediato y es la ausencia de crónicas sociales. De vez en cuando nuestro grupo encontró alguna crónica relativa a certámenes de belleza, o alguna foto aislada de niños o niñas que celebraban su cumpleaños. Pero lo que se dice, *en rigor,* crónicas sociales al estilo de las que se ven en *La Opinión* y *Las Américas,* no existen en este periódico. *verdaderamente*

PROFESOR GÓMEZ. —¿Han llegado Uds. a alguna conclusión sobre la postura política de ese diario?

SRTA. OCHOA. —No, resulta difícil decirlo en concreto. Según quién sea el autor de la columna, así es su mensaje político. Mi opinión personal es que se trata de una postura intermedia entre el liberalismo y el conservadurismo extremos. Pero, créame profesor, muchos estudiantes de nuestro grupo no lo ven así.

PROFESOR GÓMEZ. —¿Es el español la lengua exclusiva del periódico?

SRTA. OCHOA. —Sí, prácticamente. Sólo contiene un par de hojas con traducciones al inglés de algunos editoriales o de algunas noticias y anuncios.

PROFESOR GÓMEZ. —Excelente. Uds. tres nos han dado unos informes muy interesantes sobre la prensa hispana de los Estados Unidos. Como resumen, yo agregaría que los tres periódicos tienen una postura pro hispanismo, a favor del mantenimiento de la lengua y la cultura de los hispanos en los Estados Unidos. Esto es muy importante porque la prensa hispana es una institución étnica que puede y debe ser un vehículo *primordial* en cuanto al apoyo de nosotros como grupo. Creo que el tema *amerita* otra clase, así que mañana continuaremos. *principal* *merece/ deserves*

Ejercicios

I. *Complete estas oraciones con las palabras que faltan, según el contenido de la conversación que acaba de leer.*

1. Los estudiantes del profesor Gómez han hecho *un investigación*.
2. *Joaquín Valdés* va a hablarle a la clase del diario *La Opinión*.
3. El aspecto más interesante de este diario resultó ser *las crónicas sociales*.
4. La postura política de este periódico es *pro México y pro chicanismo*.
5. *Las Américas* es el diario de los cubanos que residen en Miami.
6. *Las Américas* tiene una posición muy definida *no acepta nada* de Fidel Castro.
7. *En las crónicas* que se reseñan en *Las Américas* no suelen mencionar las misas como parte de las mismas.
8. Este diario contiene algo que no se encuentra en *La Opinión*: *una columna sobre la lengua española*.
9. Janice Ochoa representa al grupo de estudiantes que investigó *El Diario - La prensa*.
10. El área en que más se vende este diario abarca *NY y NJ*.
11. Según la Srta. Ochoa, la postura política de este diario es *muy difícil decirlo*.
12. El profesor Gómez cree que la prensa hispana es muy importante porque *la lengua, la cultura*.

II. *Escriba un antónimo de cada palabra señalada. Todos se encuentran en el texto de la conversación y en las glosas.*

1. Los tres grupos se han *unido*.
2. Es el diario *menos* importante de todos.
3. ¿Ya el niño aprendió a *sumar*?
4. Está *parcialmente* escrito en español.
5. Su formato es muy *diferente* al de otros.
6. La edición dominical *excluye* las tiras cómicas.
7. Reflejan, muy *vagamente*, ciertos aspectos de nuestra cultura.
8. Es un periódico muy *conservador*.
9. Me interesa, sobre todo, su aspecto *interno*.
10. Su cubanismo es muy *débil*.
11. Su postura es típica de una institución *irreligiosa*.
12. Me llama la atención la *presencia* de crónicas sociales.

III. *Escriba una oración completa y original con cada una de estas palabras y expresiones.*

1. impartir
2. el dinero
3. los ejemplares
4. el periódico sale
5. estuvieron de acuerdo
6. medias tintas
7. ciertos rasgos culturales
8. tenemos mucho empeño
9. tiene Ud. la palabra
10. en rigor

IV. *Preguntas para iniciar una conversación.*

1. ¿Qué periódico lee Ud. con más frecuencia? Descríbalo y diga qué partes prefiere.
2. ¿Qué revistas (*magazines*) le gustan más a Ud. y por qué?
3. ¿Qué periódicos y revistas étnicos se venden en la ciudad donde Ud. vive? Compre alguno, y descríbalo, en caso de no haberlo hecho nunca antes.
4. Describa, en español, algunas crónicas sociales que aparezcan en su periódico favorito. (Se entiende que se trata de uno en lengua inglesa.)
5. ¿Ha estado Ud. alguna vez en una fiesta de debutantes o de «sweet sixteen»? Descríbala.

V. *Composición dirigida. «Mi periódico y revista favoritos».*

1. Explique cuál es su periódico favorito y por qué.
2. Explique cuáles son las diferentes partes de ese periódico.
3. Diga cuál es la parte que Ud. lee con mayor interés y por qué.
4. Diga cuál es su revista favorita y por qué.
5. Explique cuál es el aspecto de esa revista que más le atrae a Ud.

Las crónicas sociales en los periódicos hispanos.

Primera Parte: La Opinión

Rosemary y Rosalind celebraron sus quince primaveras.[1]

Un gran *acontecimiento* social fue la celebración de los quince años de las hermanas *gemelas* Rosemary y Rosalind Baeza, el pasado domingo 12 de octubre.

evento

twin

La ceremonia religiosa tuvo lugar en la Misión de la Placita, Nuestra Señora Reina de Los Ángeles, en el 100 S. Sunset Blvd., a las 10:15 AM. El reverendo padre Alberto Vázquez celebró la misa en honor de *las festejadas.*

las que reciben una fiesta

Las encantadoras quinceañeras *lucían* unos bonitos vestidos blancos del estilo de Luis XV, de *organza,* con encajes de *olán,* adornados con flores *rosas.* Y en sus cabelleras llevaban unas coronitas con piedras brillantes.

llevaban; tela transparente;

linen; **rosadas**

[1] La frase «quince primaveras (*springs*)» simboliza la llegada de una jovencita a la edad en que se convierte en mujer.

En la Corte de honor se destacaban los *apuestos* **guapos**
jóvenes José Luis Ochoa y Javier Ochoa que tuvieron
el honor de bailar el vals «Danubio Azul» con las lindas
festejadas. El baile tuvo lugar en el Town Center Hall
del 11740 E. Telegraph Road, en la ciudad de Santa
Fe Spring. Entre las distinguidas personas que asistieron al evento se encontraban el Alcalde de la ciudad
de Palm Spring, el señor Armando J. Mora y su señora
Alicia Mora, quienes fueron los padrinos[2] de la fiesta.

El baile duró hasta *altas horas de la noche*, los **muy tarde**
invitados se divirtieron mucho y la mayoría les deseó
muchas felicidades a las quinceañeras. En fin, esta fue
una noche llena de alegrías y de momentos inolvida-
bles en la vida de Rosemary y Rosalind.

La Opinión, Los Angeles, Calif., sábado 18 de octubre de 1980, segunda sección, p.
1. (Adaptado)

Rebeca Ortiz **cumple *15 años el día de hoy.***   *turns*

La jovencita Rebeca Ortiz está radiante de felicidad,
debido a que hoy celebrará sus quince primaveras,
con una misa de acción de gracias y con una prome-
tedora recepción.

Los padres de Rebeca son los señores Rodolfo y
Rosa Ortiz, quienes se encuentran con mucha activi-
dad debido al *onomástico* de su hija adorada, la que **cumpleaños**
hoy cumple quince años de vida.

Los hermanos de la quinceañera son María, Berny,
Ruth, Alicia, Rudy, Ramón, Ricardo y Rubén, los que
también *compartirán* con la misma emoción que su **will share**
hermanita, el acontecimiento.

Aunque hoy cumple sus quince años Rebeca Ortiz,
la misa se llevará a efecto el sábado 4 de este mes, en
la iglesia La Sagrada Familia y la recepción en su hogar localizado en el 854 E. Sepúlveda en la ciudad de
Carson.

La Opinión, jueves 2 de diciembre de 1982, 3a sección, p. 10. (Adaptado)

---

[2] Las palabras padrino y madrina tienen varios significados en español. Básicamente,
se refieren a la ceremonia del bautizo. Sin embargo, en este ejemplo, los padrinos
(*sponsors*) son los encargados de preparar la fiesta de las quinceañeras, junto a sus
padres.

Martha Márquez y David Durán unieron sus vidas.

La señorita Martha Cecilia Márquez y el señor David F. Durán, recibieron la bendición *nupcial* en solemne ceremonia que congregó a familiares y *amistades* en la iglesia La Asunción, localizada en el Este de Los Ángeles.

> matrimonial
>
> amigos, *acquaintances*

Martha y David llevaron a sus padrinos,[3] acompañados de una corte de honor y cinco *pajecitos.* El *cortejo* entró al templo a las 12 del día, hora en que comenzaría la ceremonia religiosa de los novios y ahora *recién casados.* La corte *ingresó* a la iglesia *enmarcados* con los acordes de la marcha nupcial de Mendelsson.

> *little pages;* acompaña-miento
>
> *newlyweds;* entró; acompañados

La misa fue oficiada por los reverendos Gerardo Lewis y John Wadison, quienes les dirigieron unas bellas palabras a la joven *pareja,* que tal parecía que hubiese sido sacada de un *cuento de hadas,* pues la novia lució un vestido en corte clásico, realizado en satín y tul *bordado,* en encaje *pedrería,* creación de conocido *modista.*

> *couple*
>
> *fairy tale*
>
> *embroidered;* con joyas; persona que diseña vestidos

Una vez que terminó la ceremonia religiosa, los nuevos esposos se trasladaron a la recepción que se efectuó en el Hyatt City of Commerce, *ubicado* en esta ciudad, donde los recién casados recibieron *incontables* felicitaciones y buenos deseos para el futuro.

> situado
>
> innumerables

Los numerosos *huéspedes* fueron atendidos por los padres de los novios, Sylvester Márquez y Fernando Loera, por parte de la feliz recién casada y el nuevo esposo, respectivamente, *mismos* que se llenaron de orgullo y *dicha* por el acontecimiento.

> invitados, *guests*
>
> quienes
>
> felicidad

La Opinión, jueves 2 de diciembre de 1982, 3a sección, p. 10. (Adaptado)

Eligen Señorita Black Velvet Latina

La noche del miércoles 1 de diciembre, fue un día inolvidable para 27 muchachas hispanas que concursaron en el certamen de belleza de Miss Black Velvet 1982, que se efectuó en el hotel Hilton de Los Ángeles.

Este día no sólo fue inolvidable para 27 chicas, sino un día de felicidad para Rhonda Ramírez, una estu-

---

[3] En la ceremonia matrimonial también hay padrinos que corresponden, en inglés, más o menos, al *best man* y la *maid of honor.*

diante de *Pasadena City College*, que fue coronada en el tercer certamen local.

La *beldad* de 20 años de edad, y una estatura de 5 pies y 5 pulgadas, ganó el título entre 200 participantes latinas. — bella chica

Rhonda tiene un cabello negro como el *azabache* y sus medidas son 34, 23, 34. Ramírez ganó un premio de 1,000 dólares, un viaje de ida y vuelta a la ciudad de Acapulco para dos personas y estancia por tres días en el Hotel Del Prado, *un estuche* de productos de belleza, un reloj de una marca reconocida y una foto 11 × 14. — piedra semipreciosa, negra y brillante / una caja

Rhonda comentó en inglés, ya que no habla español: «Me siento honrada por haber ganado este certamen y el poder representar a la mujer latina».

La triunfadora es aficionada al dibujo, a *la batuta* y le gusta modelar, por lo que estudia en la escuela de modelaje del Instituto de la Moda, en Pasadena. — majorette

«Lo que me mantiene *en forma* es que todas las mañanas me levanto a correr a las 5, antes de salir al trabajo», comentó Rhonda, cuando se le preguntó cuál era su secreto de belleza. — in shape

La Opinión, sábado 4 de diciembre de 1982, 3a sección, p. 9. (Adaptado)

El florecimiento del amor, que es el alma del mundo, es una dádiva.
— regalo

Con mucho amor se han seleccionado en los últimos días los aguinaldos navideños[4] que serán entregados hoy al efectuarse el «Fiestoncito» en el Hotel Biltmore, de esta ciudad.

«Los *Hambriados*», club de *varones* que trabaja en pro del Orfanatorio de la Madre Luisita de Atotonilco el Alto, Jalisco—y sus esposas—como en años anteriores llegarán a la tradicional fiesta *decembrina portando* los regalos de Navidad para las niñas que *se albergan* en la santa casa *carmelitana*. — que tienen hambre; de hombres / de diciembre; llevando; viven; de monjas del Carmelo

Con mucho cariño los padrinos[5] de las niñas y sus esposas, en diligente *búsqueda*, seleccionaron en *los almacenes* lo que a sus ojos es apropiado y atractivo según la edad de las «*ahijadas*». — search; las tiendas / godchildren

[4] Los regalos que se dan en la época de Navidad se llaman aguinaldos. También se llama así, en diversos países hispanos, a las flores rojas (*poinsettia*) típicas de esa temporada, y a los villancicos (*Christmas carols*) que se cantan.

[5] En este ejemplo, la palabra padrinos se traduce *sponsors*: las personas encargadas de procurar el bienestar económico de esas niñas huérfanas.

Mucho *empeño* ponen los padrinos al buscar los espléndidos aguinaldos atentos a los deseos que *han acariciado* las jovencitas, según discretas peticiones *bosquejadas* en sus cartas a sus *bienhechores.* Ellas llevan correspondencia con algunos de ellos, porque los han conocido en ocasiones en que han visitado la casahogar. Algunas niñas, también, han venido en años pasados al Fiestón que Los Hambriados ofrecen en el mes de agosto.

> interés
> have
> cherished
>
> outlined;
> benefactores

Sabiendo lo que más *agrada* a sus «ahijadas», las madrinas hacen sus selecciones con *esmero, fiján-dose en* pequeños detalles, en la inicial que lleva un *portamonedas,* en el color de unos guantes, en el te-jido de un suéter, en el tamaño de unas medias, en el aroma de un perfume, en el color exquisito de la ropa *íntima.*

> gusta
> cuidado;
> noticing
>
> coin purse
>
>
> interior

Sobre una gran mesa decorada con globos multi-colores, estrellas y *bujías* que multiplican su luz con reflectores de colores, se colocarán las cajas en que han sido empacados los regalos, bellamente envuel-tos, atados con *listones,* cada una con dedicatoria y tarjeta deseando «FELIZ NOCHE BUENA» a esas niñas que con expectación esperan la llegada de los agui-naldos, ya sea en la Noche de Navidad o en el Día de los Santos Reyes.[6]

> bombillas,
> bulbs
>
> cintas

La Opinión, domingo 5 de diciembre de 1982, p. 7. (Adaptado)

Onomástico.

El próximo miércoles es el onomástico de una dis-tinguida dama, la señora Conchita Johansen de Ná-jera, esposa de don Alfonso Nájera, *matrimonio* que reside en la ciudad de Montebello.

> pareja de
> casados

Los Nájera, quienes ocupan un sitio privilegiado en la comunidad de habla hispana y figuran en varios sectores de la metrópoli *angelina,* tienen cuatro hijos. Conchita es capitalina, hija del caballero noruego don Carlos Johansen (q.e.p.d.) y doña Virginia Bonilla de Johansen que residen en Montebello.

> de Los
> Ángeles

A los Nájera les encanta viajar, especialmente a El Paso, Texas, donde residen los *familiares* de don Al-fonso y también a lejanos países, incluyendo los de

> parientes

[6] El seis de enero se celebra, tradicionalmente, la fiesta cristiana de la Epifanía, po-pularmente conocida como el Día de los Reyes Magos. Según la tradición, Melchor, Gaspar y Baltasar fueron tres reyes del Oriente que le llevaron regalos a Jesús recién nacido. (Ver el Capítulo VI, página 177 de este libro).

Oriente. El más significativo de sus viajes fue el que hicieron en 1979 a los Países Escandinavos, llevando el firme propósito de conocer a la familia paterna de Conchita, los Johansen, que viven en Larvik, Noruega.

Acompañados por dos de sus hijos, los Nájera aterrizaron en Londres y de allí, por «aire, tierra y mar», lograron llegar al deseado destino, encontrar a los familiares Johansen y traer de su estancia allí, relatos, fotografías y recuerdos *gratísimos* para toda una vida.   **muy felices**
Como resultado de su significativo viaje, miembros de la familia Johansen han venido a Los Ángeles a visitar a los Nájera.

Conchita ha sido la cuarta presidenta del club *be-*   *charitable*
néfico Las Madrinas de Santa Marta, que trabaja en pro del Hospital y Clínica de Santa Marta, al que *acude*   **va**
numeroso *elemento* de habla hispana del Este de Los   **público**
Ángeles. Ella es una de *las socias* de esa agrupación   **los miembros**
que organizaron el «*Brindis Navideño*», fiesta benéfica   *Christmas*
que se efectuó el último miércoles en el salón El Do-   *Toast*
rado del *Music Center* de Los Ángeles. De esa *lucida*   **elegante**
fiesta pre-navideña nos ocuparemos, *Dios mediante*,   *God willing*
en fecha próxima.

La Opinión, domingo 5 de diciembre de 1982, p. 9. (Adaptado)

Segunda Parte: Las Américas

Quince años.

Arriba el viernes próximo, día veintiséis a la *suspi-*   **llega;**
rada edad de los quince años, la linda y muy atractiva   **esperada**
«jeune-fille»[7] Madeleine Menocal y Díaz, hija del inol-   **ansiosamente**
vidable Pedro G. Menocal Simpson, *fallecido* hace al-   **muerto**
gunos años en *plena* juventud, y de la señora Made-   **medio de su**
leine Díaz San Pedro, encantadora esposa del señor
Raymond de Longaray Zaydín y nieta adorada de dos
matrimonios altamente estimados en nuestra sociedad, el doctor Raimundo G. Menocal y Calvo y su esposa Martha Simpson Aballí y el doctor Delio Díaz
Dominguez y señora Totó San Pedro Villalón.

La fiesta de juventud que le iban a ofrecer sus
padres, los esposos Longaray-Díaz, por *el grato mo-*   **la alegre**
ocasión

---

[7] Es muy común el uso de palabras extranjeras, especialmente francesas e inglesas, en las crónicas sociales. Esto se puede comprobar al leer los ejemplos que aparecen en este capítulo.

tivo, en el exclusivo *Big Five Club*, ha sido suspendida por *el deceso* de la respetable señora Dora Domínguez viuda de Díaz,[8] *bisabuela* de Madeleine.

la muerte;

great grandmother

Las Américas, Miami, Fla., domingo 21 de noviembre de 1982, p. 1F. (Adaptado)

Carlos Manuel Godoy.

En días pasados cumplió siete años de edad, el simpático e inteligente niño Carlos Manuel Godoy y Gault, quien es hijo del excelente caballero y amigo muy estimado Raúl G. Godoy, Presidente de la firma «Vinos Mundiales, Inc.», que representa las *marcas* más famosas del mundo, y de la gentil señora Daisy Gault.

brands

Con ese motivo tuvo una animada fiesta *infantil* en la hermosa *glorieta* que se levanta en los amplios *predios* del condominio donde residen, en esta ciudad.

de niños

gazebo; terrenos

Y allí reunió a un grupo de sus compañeros de *colegio* y amiguitos, disfrutando todos de los muchos juegos y *alicientes* que se ofrecieron, no faltando la actuación de un mago que mantuvo toda la tarde la atención de los pequeños asistentes.

escuela privada

diversiones

Todo el tiempo se sirvieron refrescos y más tarde *fueron obsequiados con* una rica merienda.

se les dio, regaló

Las Américas, domingo 21 de noviembre de 1982, p. 1F. (Adaptado)

Novia.

Unieron sus vidas en fecha reciente, durante ceremonia celebrada en la Iglesia de San Juan El Apóstol, de Hialeah, la gentil señorita Ana María Fernández, hija del señor Ernesto Fernández-Cuello y señora, Haydée Geli de Fernández, y el correcto caballero Raúl San José, hijo del señor Raúl San José y señora, Ada Hernández de San José, ambas familias de vasto aprecio en los círculos cubanos. La *novia* lució una original creación interpretada en organza y encajes valencienne, completando su *atavío* aretes de *brillantes*, reliquia de familia. Ofició los ritos el Rev. Padre José L. Paniagua. Inmediatamente después de la ceremonia, fue ofrecida una recepción en el Holiday Inn de Hialeah, a la que *concurrieron* numerosas amis-

bride

atuendo; diamantes

asistieron, fueron

---

[8] En los países de habla española, cuando una señora casada pierde a su esposo, generalmente añade a su nombre y apellido (*maiden name*) la frase «viuda de» seguida del apellido de su difunto marido.

tades de los recién casados. El señor San José terminó
sus estudios en la Universidad Internacional de Florida, y su joven esposa, es *egresada* de la Universidad   graduada
de Miami. La luna de miel la disfrutó la joven pareja
en las Bermudas, y desde su regreso han fijado su
residencia en Miami Lakes. Para ellos, nuestros *votos*   deseos
por su dicha *imperecedera.*   sin fin

Las Américas, viernes 3 de diciembre de 1982, p. 8-B. (Adaptado)

Cocktail «chez» Mena.

En la espléndida residencia del señor Carlos Mena
Mestre y de su *blonda* y bella esposa Hilda García
Serra, en Coral Gables, se celebró el pasado viernes
veintiséis de noviembre, un *«cocktail party»* que se vio
concurridísimo y *transcurrió* en un ambiente de entusiasmo y animación.

en casa de la
familia (del
francés)
rubia

lleno de
público; se
desarrolló;
vender

Era con motivo de *liquidar* las mesas para el Gran
Baile de Gala 1982 de la prestigiosa Liga Contra el
Cáncer, institución que realiza una labor extraordinaria, *digna de* todos los *elogios,* en esta comunidad,
al ayudar con amor y cariño a las personas atacadas
por ese terrible mal.

que merece;
cumplidos

Esta fiesta está concertada para el sábado dieciocho
del corriente mes *a partir de* las siete y media em-
pezando con los cocktails, *teniendo por marco* los amplios salones del Hotel Fontainebleau Hilton, que esa
noche serán transformados en un paraíso navideño,
por la preciosa decoración que viene preparando el
valioso artista Roberto R. Blanch, a base de motivos
de la temporada.

después de
teniendo
lugar en

Será la *«chairman»* la linda señora Hilda María Mena
de R. Blanch y *«chairmen»* de las rifas las gentiles Pa-
quita del Río de Paredi, Matilde Granda de Núñez Báez
y Mercy Artela de Rodríguez, las cuales, aparte de las
rifas de los *«door prizes»,* ofrecen diez valiosos premios
por las papeletas que al precio de un dólar se vienen
vendiendo con gran rapidez.

Refiriéndonos de nuevo al cocktail «chez» Mena, podemos decir que todos los asistentes disfrutaron de
gratísimas horas. Los distintos departamentos de la
casa, así como las terrazas y jardines, se veían adornados bellamente a base de flores de la estación *dis-*   arregladas
puestas con todo gusto.

Desde *primera hora* permaneció servida, junto a la   temprano
piscina, una mesa con «hors d'oeuvres» y *saladitos,* la   *tidbits*

cual se adornaba con un precioso arreglo de flores exóticas con cinco velas con sus *guardabrisas de cristal* y en la terraza del *costado, se dispuso* otra mesa con otra variedad de *exquisiteces*, confeccionado todo por los jóvenes esposos Luli y Jorge Mena, que se vienen *destacando* en esa especialidad. Además del bar de la casa que se mantuvo abierto, funcionó otro dispuesto en la terraza del costado, donde *amenizó* la fiesta Luis Serrano y su orquesta.

glass shades
lado, se puso
comidas
exquisitas
haciendo
conocidos
entertained

Las Américas, sábado 4 de diciembre de 1982, p. 6-D. (Adaptado)

Marlén Ruiz Berriz.

Fue una boda *preciosa*, de *lucimiento* magnífico, la celebrada el pasado viernes cinco de noviembre, poco después de las siete y media de la noche, en la moderna *Saint Brendan's Catholic Church*.

muy hermosa; elegancia

Boda esta *de infinitas simpatías*, que estuvo rodeada de exquisitos detalles de chic y buen gusto, en la que vieron *cristalizadas* sus más *caras* ilusiones la encantadora y gentil señorita Marlén Acelín Ruiz Berriz y el correcto joven Arturo Rabade Guirola, graduados ambos de la Escuela de Ingeniería de *Florida Atlantic University*.

muy popular

realized; **queridas**

La novia es hija del *destacado* ingeniero Roberto N. Ruiz Regueyra y de su gentil esposa Carmen N. Berriz Pérez y el novio lo es a su vez de la interesante señora Lourdes Guirola viuda de Rabade.

bien conocido

Un *concurso* muy selecto y numeroso de nuestra sociedad dio *realce* con su presencia a la brillante ceremonia que con tanto gusto *reseñamos*.

público
esplendor
narramos

Los floristas del elegante jardín «*Gazebo Flowers*» de Coral Cables, ajustándose a las regulaciones de la iglesia, combinaron a ambos lados del altar dos *estantes* cubiertos de *musgo* verde, con flores blancas.

étagères
moss

Hasta allí llegó la señorita Ruiz del brazo de su señor padre, que se veía muy complacido, y *a su paso* pudo escuchar los más cálidos y justificados elogios. Estaba muy bonita y también muy elegante Marlén con su traje nupcial, diseño exclusivo de la Casa Marescot, realizado en encaje Chantilly formando «point d'Esprit» y Alençon, todo rebordado en perlas, *lentejuelas nacaradas y mostacillas*. De los auténticos modelos de París de la exquisita Eva Hidalgo, escogió Marlén el adorno todo en *azahares* y brillantes, bautizado con

along her way

pearly beads and sequins

orange flowers;

el nombre de «*Nuit d'Amour*», que le cubría todo el peinado y del cual *se desprendían* los largos velos que caían a sus espaldas hasta cubrir la larga *cola*. Y en sus manos *aprisionaba* una cascada de orquídeas «*catleya*» y «*dandrobiums*» con «*ivys*» y «*baby's breath*».

noche de amor; hairdo; salían; train

sostenía

Precediéndola en su camino entró una corte formada por varios de sus amigos y amigas, incluyendo una «*flower girl*» y dos niños. Vestían las damas finos trajes confeccionados por la sin igual Mary Guerra, en chifón de seda color «*palo rosa*» con *vuelos* en la blusa *ribeteados* en cintas de seda en tono beige oscuro, llevando adornos de cabeza de flores naturales y *ramos de «Dutch roses»*. La «*flower girl*» llevaba un trajecito de shantung de seda color «palo rosa» con *sobretodo* en forma de delantal de organza de seda color *natural* terminando *la saya* en *alforcitas* y encajes de Chantilly y Alençon y en la cintura una cinta en tono *subido* de beige, confeccionado todo por la madre de la novia. También se encontraban presentes el «*best man*» y seis «*ushers*».

color de la madera del rosal; ruffles; trimmed; bouquets

overcoat

off white; **la falda;** *tucks*

oscuro

Durante la misa de velaciones[9] fue usada *una mantilla* de encaje legítimo de *blonda*, traída de España por la madrina de confirmación[10] de la novia. El padre de la novia y la madre del novio *apadrinaron* la ceremonia, durante la cual se escuchó un selecto programa de *música de cámara* por la Coral Cubana.

un velo grande; tipo de encaje muy caro; fueron los padrinos de

chamber music

Seguidamente se celebró una magnífica recepción en el *Big Five Club* amenizada por la orquesta «Los Profesionales». En lugar destacado junto a la mesa de los novios estaba el exquisito «*wedding cake*» confeccionado por la sin rival Lolita Aranegui, adornado con *orquídeas*. Se sirvió una deliciosa comida y *se brindó* por la felicidad de los nuevos esposos, los que más tarde partieron en viaje de luna de miel *rumbo a* Europa.

orchids; everybody toasted; **hacia**

Las Américas, domingo 5 de diciembre de 1982, p. 10-F. (Adaptado)

[9] En la ceremonia católica del matrimonio se estila, en muchas ocasiones, cubrir con un velo a los esposos durante la misa que se celebra en esa ocasión. El velo se coloca sobre la cabeza de la novia y los hombros del novio. Hay una madrina de velaciones, por lo común una amiga íntima de la novia, que coloca el velo.

[10] En la ceremonia cristiana de la Confirmación, también se usa llevar padrinos, para los niños y madrinas, para las niñas. Por lo general se escoge a un pariente o amigo íntimo de la familia. Esa persona acompaña a su ahijado o ahijada a recibir ese sacramento.

Ejercicios

I. *Preguntas de contenido.*
Primera Parte.

1. ¿Cómo celebraron su fiesta de quince años Rosemary y Rosalind Baeza?
2. ¿Quiénes componen la familia de Rebeca Ortiz?
3. ¿Con quiénes entraron Martha y David en la iglesia?
4. ¿Quiénes atendieron a los huéspedes durante la recepción después de la boda?
5. ¿Qué premios obtuvo Rhonda Ramírez?
6. ¿Qué hace ella para mantenerse en forma?
7. ¿Cuáles son los objetivos del club «Los Hambriados»?
8. ¿Qué regalos recibieron las niñas del orfanato?
9. ¿A qué países han viajado los Nájera?
10. ¿De qué se ocupa el club al que pertenece la Sra. Conchita Johansen de Nájera?

Segunda Parte.

1. ¿Por qué la Srta. Menocal y Díaz no tuvo fiesta de quince años?
2. ¿Puede Ud. describir la fiesta de cumpleaños de Carlos Manuel Godoy y Gault?
3. ¿Cómo era el atavío de novia de la Srta. Ana María Fernández?
4. ¿Cuál fue el motivo para celebrar el cocktail «chez» Mena?
5. ¿Puede Ud. describir esta fiesta?
6. ¿Cómo era el adorno floral de la boda de Marlén Ruiz Berriz?
7. ¿Cómo estaba vestida y peinada la Srta. Ruiz Berriz?
8. ¿Cómo estaba vestida la «flower girl»?
9. ¿Qué es una misa de velaciones?
10. ¿Puede Ud. describir la recepción de los recién casados, Marlén y Arturo?

II. *Escriba un sinónimo de cada palabra señalada. Todos se encuentran en el texto de las crónicas y en las glosas.*
Primera Parte.

1. Fue un gran *evento* social.
2. Ellas *llevaban* unos bellos vestidos.
3. Sus compañeros eran muy *guapos*.
4. Su hogar está *situado* en la ciudad de Carson.
5. La corte *entró* por la puerta principal.
6. Recibieron *innumerables* felicitaciones.
7. Tiene el *pelo* negro como el azabache.
8. Es un club de *hombres*.
9. Hacen sus selecciones con *cuidado*.

10. Los paquetes estaban atados con *cintas.*
11. Sus *parientes* residen en El Paso.
12. Tienen recuerdos *felicísimos* de su viaje.

Segunda Parte.

1. Mañana *llega* a la edad de quince años.
2. Él *murió* hace algunos años.
3. Tuvo una animada fiesta *de niños.*
4. Llevaba aretes de *diamantes.*
5. Hacemos votos por su dicha *infinita.*
6. Las mesas estaban *arregladas* con todo gusto.
7. Pusieron plantas en la terraza del *lado.*
8. Ella es hija de un *conocido* ingeniero.
9. La *falda* tenía alforcitas.
10. Partieron en viaje *hacia* Europa.
11. Desde *temprano* permaneció servida la mesa.
12. Asistió con su *rubia* y bella esposa.

III. *Escriba la palabra o frase que corresponde a cada definición. Todas están en las crónicas.*
Primera Parte.

1. Muchacha que cumple quince años. _____
2. Sinónimo de *sacerdote.* _____
3. Hermanas que nacieron el mismo día y año. _____
4. El jefe del gobierno de una ciudad. _____
5. Los que se acaban de casar. _____
6. Narración fantástica como «La Cenicienta» (*Cinderella*). _____
7. Nombre que se suele dar a la fiesta después de una boda. _____
8. Concurso donde se escoge a la chica más bonita. _____
9. Escuela donde entrenan a las modelos. _____
10. Lugar donde viven niños huérfanos. _____
11. Sinónimo de *tiendas.* _____
12. Ropa que se usa debajo del vestido. _____

Segunda Parte.

1. *Jovencita* en francés. _____
2. Se dice de la persona digna de ser respetada. _____
3. El que hace trucos de magia. _____
4. Joya que se coloca en las orejas. _____
5. Institución que se ocupa de combatir una enfermedad muy grave y, generalmente, incurable. _____
6. Adjetivo que se refiere a la Navidad. _____

7. Pantalla de cristal que se pone sobre una vela para que no se apague. _____

8. Grupo de músicos que tocan sus instrumentos a la vez. _____

9. Las flores de la naranja. _____

10. Parte posterior del traje de novia que cae sobre el suelo. _____

11. Grupo de flores que lleva la novia en la mano. _____

12. Velo muy grande que se usa en España. _____

IV. *Preguntas para iniciar una conversación.*

1. ¿Puede Ud. describir una boda «típica»?
2. ¿Cuáles son las actividades de la Liga Contra el Cáncer?
3. Describa cómo está vestido(-a) un(-a) compañero(-a) de clase.
4. Describa una ceremonia religiosa a la que Ud. ha asistido.
5. Diga cuál es su institución benéfica favorita y por qué.

V. *Composición dirigida. «Las crónicas sociales».*

1. Escriba un párrafo, resumiendo las crónicas sociales que Ud. acaba de leer en este capítulo.
2. Escriba un resumen de la crónica que le pareció más interesante.
3. ¿Puede Ud. hacer una lista de todas las palabras que aparecen en esas crónicas y que no pertenecen a la lengua española? ¿Puede Ud. explicar por qué los cronistas sociales emplean esas palabras?
4. ¿Qué diferencias ve Ud. entre estas crónicas sociales y las que aparecen en los periódicos en inglés?
5. ¿Está Ud. a favor o en contra de las crónicas sociales? Explique su respuesta.

Chistes[1] y caricaturas en la prensa mexicoamericana de Los Ángeles, 1926–1927

Mario T. García

En la clasificación familiar de chistes de *La Opinión* de esos años se sugiere que quizá algunos padres mexicanos no eran tan dogmáticos en cuanto a que sus hijas solteras se quedasen en casa. En una caricatura, aunque el artista dibujó al padre con lágrimas en los ojos, *este último* estaba complacido: *the latter*

ELLA: Me voy de tu lado porque no puedes cubrir mis necesidades.

ÉL: En gloria esté tu alma, hija. ¿Cómo es que no habías pensado antes en eso?

El periódico también publicó unos cuantos chistes sobre relaciones extramaritales. Su publicación es notable dada la insistencia original de *La Opinión* de que ningún chiste de carácter inmoral u ofensivo sería impreso. Sin embargo, es posible que la gran popularidad de tales chistes hiciera su publicación más aceptable.

En la *muestra* de chistes que obtuve hay dos de   *sample* ellos en los cuales hombres de clase media tienen relaciones con sus sirvientas, indicando la posibilidad de que tales chistes eran comunes entre los lectores de clase media del periódico.

TAITITO: Papá, ¿por qué besas a la recamarera?

EL PAPÁ: Corre a traerme *los anteojos,* hijito, yo creía   los que era tu mamá.   espejuelos, las gafas, los
En el segundo chiste, «Mala Suerte», un niño le pre-   lentes viene a su madre que ella puede ser viuda pronto:

JUANITO: Prepárate a sufrir mamá, porque vas a quedar viuda.

[1] *jokes*

La Opinión, Los Angeles, Calif., domingo 26 de septiembre de 1982, Suplemento Dominical, «La Comunidad», p. 10. (Adaptado)

148

" Me encantan las sorpresas..."

DOÑA RITA: Pero por Dios, Juanito, ¿por qué dices eso?

JUANITO: Porque papá le estaba diciendo a la cocinera, «Ay, ángel mío, si tú no me quieres me voy a morir».

En una subcategoría relacionada con la anterior, en la que se trata sobre el matrimonio, vimos un chiste en el que *se hacía burla* del matrimonio. Dos viejos amigos se reúnen después de muchos años: *they made fun*

ARTURO: Hola, Antonio, qué gusto me da de verte después de tantos años. Pero dime, ¿por qué *te dejas* ahora el *bigote*? *llevas* *mustache*

ANTONIO: Lo llevo desde que me casé para distinguirme de *mi señora*. *mi esposa*

Y finalmente, la última subcategoría de chistes acerca de «la vida *cotidiana*» refleja la persistencia de una cultura preindustrial entre los mexicanos de áreas rurales o de pueblos pequeños aun después de haber inmigrado a las ciudades, tanto de México como de *diaria* los Estados Unidos. Además, la existencia de estas costumbres, creencias y tradiciones populares ilustran lo que *los eruditos* han descubierto acerca de la cultura en estudios sobre *las pautas* de la inmigración; esto es, la persistencia de anteriores prácticas preindustriales dentro de una sociedad industrializada, o lo que los sociólogos denominan como la «*aldea* urbana».

los sabios/ scholars; los *patrones/ patterns*

un pueblecito

En un chiste, un trabajador mexicano quiere una vaca, mientras que el comerciante le sugiere que compre una bicicleta:

El comerciante: Le vendo esta bicicleta por sólo $25.

EL *LABRADOR*: Lo que yo necesito es una buena vaca, y con este dinero, me la puedo comprar.

campesino

EL COMERCIANTE: Muy bien se mirará usted paseándose en una vaca.

EL LABRADOR: ¿Y cómo me miraría *ordeñando* una bicicleta?

milking

Los chistes sobre la «vida cotidiana» revelan algo acerca de las condiciones sociales y la concientización entre inmigrantes y refugiados. Por ejemplo, las siguientes observaciones se pueden inferir de los chistes sobre la «vida cotidiana». Primero, como lo revelan algunos, la persistencia cultural es característica entre los mexicanos en los Estados Unidos. Dada la proximidad de México a los Estados Unidos y la larga historia de la cultura española y mexicana en el suroeste, la cultura del mexicano inmigrante encontró suelo fértil en donde no sólo podía perseverar sino desarrollarse y florecer. La persistencia *misma* de los chistes y las caricaturas, al igual que una activa prensa en español, evidencia una vibrante cultura mexicana en los Estados Unidos. Segundo, a la vez que existe una mexicanización de los Estados Unidos, especialmente en el suroeste, a causa de la inmigración masiva de México, hay también un proceso de americanización. Los inmigrantes y refugiados experimentan una sutil y lenta aculturación dada la experiencia de sus trabajos, viajes y vida urbana. Por lo tanto, algunos chistes contienen «americanismos» o referencias a la vida de una sociedad más moderna que la que se ha dejado atrás. Tercero, los chistes nos revelan que la sociedad mexicana en los Estados Unidos, en vez de ser homogénea, es en realidad heterogénea. Esto indica que algunos de los chistes sobre

itself

la «vida cotidiana» están basados *indiscutiblemente*   sin discusión
en las condiciones sociales de la clase media en vez
de en las de la clase trabajadora, subrayando de esta
forma la existencia de una estructura de clases dentro
de la comunidad mexicana en los Estados Unidos.

Finalmente, los chistes sobre la «vida cotidiana»,
más que los de temas políticos, demuestran el papel
que juega la mujer en la cultura popular mexicana.
Muchos de estos chistes fueron enviados por mujeres
y subrayan su estado de ánimo. Mientras que los
chistes y las caricaturas publicados por *La Opinión*
no pueden revelar todo el complejo carácter de las
comunidades mexicanas en los Estados Unidos, sí nos
brindan información acerca de las condiciones so-   ofrecen
ciales, costumbres, valores y conciencia de esas comunidades. El descubrimiento mismo de los chistes
y las caricaturas en *La Opinión* nos presta una importante nueva *fuente* para el estudio de la cultura   source
popular mexicana. Para el historiador social, los
chistes y las caricaturas, junto con otras fuentes diversas, le proveerán evidencia de la presencia de una
rica vida cultural que se ha derivado de la experiencia
migratoria. La inmigración a los Estados Unidos implicaba mucha explotación y discriminación pero
también implicaba valiosas tradiciones culturales que
se enraizaron de este lado de la frontera y aquí flo-   took root
recieron. Además, el estudio de la cultura y la comunidad ayuda a colocar a los mexicanos en el escenario
histórico—como actores dentro de la historia misma,
transformando sus vidas y sus comunidades a pesar
de muchas dificultades.

Ejercicios

I. *Preguntas de contenido.*

1. ¿Cómo reacciona un padre de familia en el primer chiste?
2. ¿Quiénes aparecen en los dos chistes sobre relaciones extramaritales?
3. ¿Qué implica Antonio al decir que se deja el bigote para dife-
   renciarse de su señora?
4. ¿Qué refleja el chiste del labrador que debe decidirse entre comprar una vaca y una bicicleta?
5. ¿Qué evidencia la persistencia de los chistes y las caricaturas
   en la prensa hispana?

6. ¿Por qué el autor de este artículo dice que la sociedad mexicana en los Estados Unidos es heterogénea?

7. ¿Cuál cree Ud. que es la imagen de la mujer mexicana en la muestra de chistes que ha leído?

8. ¿Qué importancia tiene el estudio de los chistes y las caricaturas para el historiador social?

9. ¿Qué implicaba, según el autor de este artículo, la inmigración mexicana a los Estados Unidos?

10. Finalmente, ¿a qué ayuda también el estudio de la cultura y la comunidad mexicoamericana?

II. *Escriba dos derivados de cada uno de estos verbos. Después, escriba una oración original empleando uno de los dos derivados.*

> EJEMPLO   chistar—***chiste, chistoso***
> ***Tengo un amigo que me hace reír por lo** chistoso **que es.***

1. clasificar
2. sugerir
3. cubrir
4. pensar

5. servir
6. sufrir
7. existir
8. vender

III. *De cada oración, diga si es verdadera o falsa. Corrija las falsas, escribiendo un breve comentario de cada una.*

F   1. En algunos chistes, se vio que las esposas tenían relaciones extramaritales.

T   2. La vida cotidiana significa la existencia diaria.

F   3. Es normal que las prácticas preindustriales de muchos inmigrantes desaparezcan al año de estar en los Estados Unidos.

F   4. El labrador del chiste se convence, por fin, de que es mejor comprar una bicicleta que una vaca.

T   5. La cultura mexicana se desarrolló y hasta floreció en el suroeste de los Estados Unidos.

F   6. El proceso de americanización nunca ocurrió entre los inmigrantes mexicanos.

T   7. Los chistes sobre la «vida cotidiana» se refieren, exclusivamente, a personas de la clase trabajadora.

F   8. Ninguna mujer envió un chiste al periódico *La Opinión*.

9. Los chistes y las caricaturas tienen importancia en el estudio de la sociología.

T   10. Muchas tradiciones culturales mexicanas echaron raíces en los Estados Unidos.

IV. *Preguntas para iniciar una conversación.*

1. ¿Puede Ud. contarle a la clase algunos chistes? (¡En español, por supuesto!)
2. ¿Qué opinión tiene Ud. de los chistes sexistas? Desarrolle su respuesta.
3. ¿Qué prefiere Ud., un chiste o una caricatura? ¿Por qué?
4. ¿Qué diferencia hay entre una recamarera, una cocinera, una azafata y una mesera? (Utilice un diccionario o pregúntele a una persona hispana si no sabe las respuestas 4 y 5.)
5. ¿Qué diferencia hay entre un camarero, un mayordomo, un jardinero y un chofer?

V. *Composición dirigida. «Las tiras cómicas y los cartones (cartoons)».*

1. ¿Lee Ud. las tiras cómicas del periódico o las que aparecen en forma de libritos como *Superhombre* y *El hombre araña*? Desarrolle su respuesta.
2. ¿Le gustan a Ud. los dibujos animados (*cartoons*) del cine y la televisión? ¿Por qué, por qué no?
3. Describa a sus personajes favoritos de los dibujos animados: el Ratón Miguelito, el Pato Donaldo, Popeye, etc.
4. ¿Vio Ud. la película «Fantasía» de Walt Disney o «Superhombre»? Describa una de las dos en general.
5. ¿Por qué cree Ud. que los dibujos animados y las tiras cómicas son del interés de chicos y mayores a la vez?

Periodismo hispano: Todos juntos somos más

El título *en sí* parece una redundancia. Pero no encontré nada más directo para expresar el sentimiento de optimismo surgido después de participar en la Primera Conferencia Nacional de Medios de Comunicación en Español que se realizó en Los Ángeles del 19 al 21 de agosto pasado. Esa alegre visión de nuestro futuro es una mezcla del orgullo por nuestra raza, de la seguridad de estar apoyados en ideas centrales comunes y de la esperanza compartida de *lograr* mayores triunfos si seguimos en el camino de la unidad.

El *licenciado* Manuel Bustelo fue el orador principal en la cena del viernes 20. El puertorriqueño director de *El Diario* de Nueva York tiene una larga historia dentro del movimiento hispano y muestra una confianza casi sin límites cuando se refiere a quienes hablamos el español. Los periodistas hispanos sobre todo, tienen la superioridad sobre los anglosajones, simplemente porque además del inglés, pueden usar

in itself

alcanzar

abogado

La Opinión, Los Angeles, Calif., sábado 2 de octubre de 1982, p. 5. (Adaptado)

otro idioma para comunicarse. En síntesis, tienen la posibilidad de moverse cómodos en dos culturas, lo cual está negado al anglosajón.

Y digo «casi sin límites», porque el mismo Bustelo, que el año pasado fue presidente del Foro de Organizaciones Hispanas Nacionales, señaló las dificultades. Afirmó que nos encontramos en un contexto político y económico adverso a los valores culturales hispanoamericanos. Las empresas de noticias que se producen en inglés han ignorado a nuestra comunidad o la presentan con una imagen distorsionada. Para ello, han negado posibilidades de desarrollo a los periodistas latinos. Por eso llamó Bustelo histórica a la Conferencia y propuso seguir juntando a los periodistas hispanos para elevar el nivel profesional de nuestra prensa mucho más allá de las aspiraciones de los que *pretenden* negarnos.

tratan de

El miércoles 25 de agosto, en un editorial publicado en *La Opinión* de Los Ángeles, Manuel Bustelo amplió sus conceptos y aclaró el origen de su optimismo y los límites.[1]

Si no abrimos el debate sobre las palabras del licenciado Bustelo, *podríamos pecar de* irresponsables. Si aceptamos este análisis triunfalista, así alegremente, cometeríamos el error de no seguir su propio consejo de juntarnos más y trabajar para mejorar nuestra acción, de perfeccionar nuestros *lazos* y valorar nuestro origen común. Antes de creer que nuestras diferencias han desaparecido repentinamente, prefiero disminuir un poco mi propio optimismo y asimilar el mensaje de Bustelo, como un llamado para ampliar el reencuentro en todas direcciones.

seríamos

ties

Para eso, debemos seguir *enarbolando* como objetivo una frase popular: «Todos juntos somos más», para que alguna vez parezca redundancia.

hoisting

Si nos dejáramos llevar por *sutilezas*, podríamos decir que el discurso del periodista Guillermo Restrepo en el almuerzo del 21 de agosto durante la Primera Conferencia Nacional de Medios de Comunicación en Español en Los Ángeles, fue una respuesta a las palabras del director de *El Diario* de Nueva York. Y no es necesario ser muy sutil para asegurar que el editorial del licenciado Manuel Bustelo en *La Opinión*

subtleties

[1] Ver el Capítulo I, La historia hispana de los Estados Unidos, parte d, «El fin de una época de aislamiento hispano», p. 24 de este libro.

del miércoles 25 de agosto fue contestación de éste al mensaje del conocido *locutor* de la Cadena Nacional Hispana de Televisión. Sin embargo, entre la dureza de Restrepo, casi dolorosa, exigiéndonos más unidad y menos individualismo, y el optimismo triunfalista de Bustelo, hay una línea común de confianza y responsabilidad.

anunciador/
speaker

Creo que son formas de expresar el mismo mensaje. La diferencia está en el origen de cada orador y las experiencias que cada uno de ellos ha adquirido, que aunque sean riquísimas y diversas, no podrán nunca ser las mismas, como no lo son las *vivencias* de cada uno de nosotros, los que formamos esta inmensa comunidad de hispanos en los Estados Unidos.

experiencias

Restrepo fue fundador de *Chicago News Media Association*, organismo que después de 10 años lo convocó a compartir esta Primera Conferencia Nacional. También Restrepo es optimista cuando recuerda que los pioneros sólo eran seis: «Hoy somos todo un pueblo» —«Hemos recorrido ya un largo camino y nuestros objetivos iniciales son ahora compartidos por más talentos y más brazos y se estrechan los lazos de la unidad» —«. . . venimos de todos los rincones de esta Nación . . . con más fuerza y con más decisión».

Para Restrepo los periodistas hispanos son *portadores* del mensaje de una comunidad *malgastada* por la resistencia a la discriminación, pero *dispuesta* al triunfo. Son protagonistas del mismo drama y comunicadores de esas angustias. «Por eso nuestras obligaciones son más intensas y nuestro *compromiso* más serio».

los que llevan
worn out
ready

commitment

La diferencia entre Restrepo y Bustelo está en el grado de importancia que se les da a los *logros* obtenidos en la búsqueda de la unidad de los hispanos. Mientras Bustelo, sin caer en una sobrevaluación, es más optimista, Restrepo, sin dejar de valorar el presente, exige más. «Ha llegado el momento de despertar» —dijo— «el momento de hacer un balance de nuestros valores y no dedicarnos únicamente al trabajo individual . . . de romper todas las barreras, de superar todos los obstáculos . . .».

triunfos

¿Y cuáles obstáculos?: el aislamiento. «Hemos regionalizado al extremo todas nuestras actividades, hasta que provocamos el aislamiento total, reduciendo las posibilidades de expansión y unidad nacionales. Puertorriqueños en el este, cubanos en el sur,

mexicanos en el oeste y suroeste son bloques de población que poco *se enteran de* lo que pasa a los de-   saben
más. Tienen objetivos comunes pero utilizan caminos
diferentes. Tienen giros lingüísticos propios, ambi-
ciones políticas diferentes, se identifican en necesidades pero se desconocen en soluciones».

Volviendo a leer, y releer, a Restrepo y Bustelo,
puede dar la sensación de haber participado de un
diálogo de *sordos.* O puede quedar la impresión de   *deaf*
haber aplaudido con *fervor* dos discursos sobre el   entusiasmo
mismo asunto, pero diametralmente opuestos, en
menos de 24 horas.

Con la seguridad de que tenemos que ser a la vez
optimistas y responsables, apoyándonos en los triunfos para lograr aún mejores resultados, pretendo abrir
la discusión.

La Primera Conferencia Anual Nacional de Medios
de Comunicación en Español dejó *en claro* la necesi-   aclarada
dad de estudiar las diferencias que separan a los hispanos y los hacen perder fuerzas para el logro de sus
objetivos comunes. *Puso a la vista* una serie de pasos   mostró
ciertos dados hacia la unidad nacional, y la misma   seguros,
conferencia fue una batalla más que se ganó en esta   firmes
larga lucha.

Es necesario conocernos más, apoyarnos mutua-
mente, en todos los aspectos que interesan a las diversas comunidades, y de esa solidaridad saldrán más
y mejores ideas para redescubrir lo que tenemos en
común y coordinar nuestra acción. Así será más fácil
acortar el tiempo hasta la victoria definitiva. Porque
todos juntos, somos más.

Ejercicios

I. *Preguntas de contenido.*

1. ¿En qué se basa el optimismo que resultó de la Primera Conferencia Nacional de Medios de Comunicación en Español?

2. ¿Qué ventajas tienen los periodistas hispanos sobre los anglosajones?

3. ¿Por qué ese sentimiento de optimismo no puede ser completo?

4. ¿Cuál fue la posición de Guillermo Restrepo durante la conferencia?

5. ¿Qué tienen en común ambas posiciones, la de Bustelo y la de
   Restrepo?

6. ¿Cómo empezó Restrepo su carrera de periodista?
7. ¿Qué puesto tenía Bustelo cuando se escribió este artículo?
8. ¿Por qué cree Restrepo que el aislamiento ha sido un obstáculo para los hispanos en los Estados Unidos?
9. Finalmente, ¿qué dejó en claro esa Primera Conferencia?
10. ¿Qué cree el autor de este artículo que es necesario para alcanzar la victoria definitiva de los hispanos?

II. *Dé un sinónimo de cada palabra señalada. Búsquelos en el texto del ensayo mismo y en las glosas.*

1. La conferencia se *llevó a cabo* en Los Ángeles.
2. No *hallé* nada más directo para expresarme.
3. Tenemos la esperanza de *alcanzar* mayores triunfos.
4. Hubo una *comida* el viernes 20.
5. Su confianza es casi *ilimitada*.
6. Usan *otra lengua* para comunicarse.
7. El contexto político es *contrario* a nuestros valores culturales.
8. La presentan con una imagen *deformada*.
9. Podemos cometer *una equivocación*.
10. Su discurso fue de *respuesta* al de Bustelo.
11. Buscamos la *unión* de los hispanos.
12. Hay que *volver a descubrir* lo que tenemos en común.

III. *Escriba una oración original con cada una de estas frases y expresiones. Tradúzcalas después al inglés.*

1. una redundancia
2. el movimiento hispano
3. casi sin límites
4. las empresas de noticias
5. el nivel profesional
6. pecar de irresponsables
7. nuestro origen común
8. enarbolar
9. las vivencias
10. superar los obstáculos

IV. *Preguntas para iniciar una conversación.*

1. ¿Cómo prefiere Ud. enterarse de las noticias del día: leyendo el periódico o viendo la televisión? ¿Por qué?
2. ¿Qué opina Ud. de la prensa sensacionalista? ¿Puede Ud. definir esa frase?
3. ¿Conoce Ud. alguna publicación que se dedique a presentar chismes (*gossip*) sobre distintas figuras públicas? Comente sobre esto.
4. ¿Qué opina Ud. de los pronósticos del tiempo que se dan en las noticias? Explíquese.
5. ¿De qué debe ocuparse el editorial de un periódico? ¿A qué corresponde esto en las noticias televisadas? Desarrolle su respuesta.

V. *Composición dirigida. «La última conferencia a la que asistí».*

1. Explique sobre qué tema se trató en la última conferencia a la que Ud. asistió.
2. Comente sobre los conferenciantes y sus discursos.
3. Comente sobre la reacción del público ante la conferencia. ¿Hubo un período de preguntas y respuestas? Explique esto.
4. ¿Cree Ud., en líneas generales, que las conferencias son aburridas? ¿Por qué, por qué no?
5. Si Ud. organizara su propia conferencia, ¿qué tema escogería que fuera de interés general para el público? Desarrolle su respuesta.

Los quince
Roberto G. Fernández

Nota importante.
Roberto G. Fernández ha escrito este cuento usando el español coloquial y popular que hablan muchos cubanos. Estas palabras y frases aparecen glosadas para facilitar su comprensión.

—¡Natalia, apaga la *lu* que no *vamo a tenel pa'*[1] la fiesta!

luz; vamos a tener (dinero) para

Ya hacía más de tres años que el matrimonio Rodríguez-Pérez se encontraba *en pleno plan de ahorro.* Miguel trabajaba en una fábrica de carteras y su esposa, Natalia, era *conserje* de una de esas escuelas sintéticas que tanto abundaban por el barrio en que vivían. Solamente tenía la feliz pareja una hija, Sarita. Era la niña una personalidad eclipsada por las circunstancias.

saving every penny

sirvienta

[1] *pa'* = para

Cuentos sin rumbos (AIMLESS STORIES) (Miami: Ediciones Universal, 1975), pp. 7–11. (Adaptado)

Estudiaba Sarita en un colegio privado, «La Academia del Saber». Casi todo el sueldo de su madre se empleaba en la educación de la señorita.

* * *

—Sarita, mañana *tiene qué il* a la *costurera.*
—Sí, mamaíta.

«¡Tener que ir a la costurera! En esta casa todo es tener que. . . No puedo poner el radio pues *se gasta* electricidad. No puedo ir a la playa pues se gasta gasolina. No me dejan salir pues no tengo edad suficiente. *Y para el colmo* el *perenne*: Todo lo hacemos por tu bien, *criatura.* Ya verás qué fiestona te vamos a dar. ¡La de Conchita García *no va a ser ni la chancleta de* la tuya!»

Sarita, *haciéndose la* que leía, pensaba en la costurera. Ella que se sentía tan feliz con sus *pantalones mecánicos.* Además, no era del todo esbelta. Las inyecciones de *aceite de hígado,* las vitaminas, y sobre todo la leche evaporada con mermelada de *guayaba* y *malta,* al llegar *la edad del desarrollo,* la habían convertido en una hermosa damita de ciento ochenta libras.

La voz de Natalia la sacó de su *ensueño.*

—Sari, *a comé*; Miguel, vamos a *tenel* que llevarla al médico. ¡Últimamente está muy *desganá!*

Sara *se acomodaba* en la silla frente a aquel plato que tenía aspecto de *cazuela*: arroz, frijoles, *plátanos,* papas fritas, *biftec empanizado,* y a su derecha un plato de sopa de pollo, de aquéllas que *levantan un muerto.* Miró la comida y resignada se la devoró. Natalia, satisfecha, sonreía de placer.

* * *

Recibió exactamente el dinero para *la guagua* y entre apática y exasperada subió y se sentó pensando en Luisito, su único consuelo. Se apresuró a bajarse, pues no quería llegar tarde a la cita. Pasó frente al Kiosco «El Tun Tun Verde» y compró *un cartucho* de *mamoncillos.* La costurera abrió la puerta y en seguida se puso a laborar en lo que había de convertirse en una impresionante creación. Era ésta un sencillo traje *labrado en piedras del rin,* esmeraldas y perlas.

Sarita, vestida de princesa del Nilo, para ser exacto, en la *indumentaria* de la que fue mordida por una serpiente, *se contempló* en el espejo. Lucía verda-

tienes que ir; persona que hace vestidos

se gasta (dinero) en

on top; eterno / niña / no podrá compararse con / pretending dungarees, jeans / cod liver oil / guava / malt liquor; la pubertad

day dreaming / (ven) a comer; tener; desganada, sin apetito; se sentaba cómodamente / olla; plantains; breaded steak; son muy nutritivas

el autobús (en las Antillas)

una bolsa (de papel); fruta tropical, honeyberry

embroidered with rhinestones; attire / se miró

deramente radiante, tal vez fuera por los *destellos* lu- | sparkles
minosos que tantas joyas *emitían*. | sent forth

—Acuérdate, mi amor, que las catorce *doncellas* | chicas
tienen que venir a probarse antes del sábado. | jóvenes, maidens

—Sí, señora. Ya se lo avisaré a cada una.

Se quitó el traje y sonriente se marchó. Cogió *la ruta* 13 de nuevo y se sentó en el mismo lugar en que | el autobús
había venido. Durante los veinte minutos de trayecto se había comido todos los mamoncillos que le quedaban. Después se entretenía en echar las semillas desde la ventanilla de la guagua.

* * *

—Natalia, debe de llamá a Juanita Fuente pa' que te informe bien de lo que hay que *hacé* en *el bol*. Tú | hacer; *ball*
sabe que ella fue a Francia el año *pasao* en uno de | sabes; pasado
eso tuar de veitiún día y etuvo tre noche en Parí². . . | esos *tours*

—*Tiene* razón, *pue* se me olvida si se empieza con | tienes; pues
un danzón o con el *val*. Aunque creo que es el val *pu* | vals; pues se
se da mucha vuelta. | da

—Bueno, llámala y *dispué* arregla lo del *local*. Fí- | después; salon
jate bien que sea en la Joya de Occidente que *e el ma* | de fiestas;
distinguío. | asegúrate; es
 | el más distin-
—Pero Miguel, si esa Joya *e* muy cara. | guido, es;
 | mejor;
—Te digo que pa' Sari lo *mejol*. Anda y ve a arreglar | cosas de
lo que te dije que eso son *cosa de mujere*. | mujeres;
 | mujer, anda
—Bueno. . . pero es que te digo que. . . | para adelante
 | y haz
—*Mujel, anda pa'lante y ha* lo que te digo.

* * *

Faltaba un día para el evento social y la casa estaba tensa. Miguel se probaba el *smoking* y parecía casi un caballero. Natalia, con uno de esos peinados estilo María Antonieta, se retocaba las pestañas *postizas* que | falsas
le daban aspecto de *estar soñolienta*, ya que eran de- | tener sueño
masiado pesadas para sus párpados. Sarita, con el nerviosismo, había comido como una loca, aumentando casi seis libras. Este sobrepeso la hizo lucir un tanto grotesca con tanta piedra preciosa y aquel traje que al terminarse era algo híbrido entre princesa egipcia y amazona brasilera.

* * *

Comenzaba la fiesta, y el salón de baile del hotel «La Joya de Occidente» había alcanzado el aspecto de una tumba egipcia. En el fondo de dicho local se observaban dos murales de las pirámides *flanqueados* | rodeados

² veintiún días y estuvo tres noches en París . . .

a ambos lados por dos masivas estatuas de cabezas de faraones. En el mismo epicentro de la sala había un pequeño lago artificial rodeado de palmeras, *semejando* un oasis.

Frente por frente a los bustos de faraones se hallaba el majestuoso trono de la soberana—una silla enorme *incrustada* con todo tipo de piedras preciosas—. Al pie del trono la alfombra dorada conducía hacia el oasis. . .

Todo el decorado había sido preparado por Juanita Fuentes, la parisién, la cual, al contemplar su obra, tan sólo *atinó a* murmurar un «¡*Regio* y fabuloso!» Los invitados iban llegando y *se repartían* entre el oasis, las pirámides, y *los más allegados* junto a la festejada, cerca del trono.

*   *   *

Las cornetas anunciaban la llegada de la princesa y su *séquito* de doncellas, todas escoltadas por sus respectivos *galanes* uniformados de esclavos nubios.[3] Regia y fabulosa, al igual que la sala, con una *leve* sonrisa en los labios hizo su entrada triunfal Sarita Rodríguez-Pérez, princesa del Nilo, montada en aquel camello *rojizo* que habían alquilado para la ocasión. Su padre, emocionado con tal aparición majestuosa, lloraba de *regocijo*. Había valido la pena los $6,000 en gastos. Las notas del Danubio Azul invadieron la sala y, tembloroso, empezó a bailar la primera pieza con su hija. En la sala *retumbaban* los aplausos y vivas. Luisito González, el nubio de la princesa, se acercó a la danzante pareja y con una reverencia le pidió continuar la pieza al augusto faraón.

*   *   *

¡Qué baile! ¡Qué pasos! ¡Qué vueltas! ¡Pero miren cómo *se deslizan*! ¡Tal parece que ella lo *conduce*! Cesó la música, pero la pareja seguía bailando. La música *se reanudó* y en una de las vueltas, Luis pudo separarse de ella, no sin haber hecho antes varios esfuerzos. La música continuaba y Sarita bailaba como un *trompo*. Giraba sobre su propio eje al mismo tiempo que *se trasladaba*. ¡Qué belleza! ¡Parece un *arco iris*! ¡Qué *destreza* en el baile! ¡Qué *aguante*!

*   *   *

---

[3] Nativos de Nubia, antigua nación del nordeste del Africa, donde hoy en día se encuentran partes de Egipto y Sudán.

Glosses (right margin):

- imitando
- *inlaid*
- pudo; regal
- se distribuían
- *the closest friends and relatives*
- corte
- *beaus*
- *slight*
- casi rojo
- alegría
- *resounded*
- *slide;* dirige
- empezó otra vez
- *spinning top*
- iba de un sitio a otro; *rainbow* habilidad; resistencia

El vals cesó y los aplausos casi amenazaban con romper los cristales de tanta vibración. Mas Sarita seguía bailando, *girando*, trasladándose.   **dando vueltas**

—Mamaíta . . . Mamaíta . . . Pa pa íto . . . Pa pa íto . . . No puedo parar. . . No puedo parar . . . parar . . . raaar. . .

—¡Cierren la *puelta* que se *no* va la niña!   **puerta; nos**

La rotación se hacía cada vez más rápida. A veces se elevaba en el aire a tal altura que amenazaba con darse contra la *araña* que colgaba del techo. Era Sarita *como un remolino amarillento*.   **chandelier** **like a** **yellowish** **whirlwind**

—¡La niña, se me mata la niña! —Gritaba desesperada Natalia—. ¡Hagan algo, hagan algo!

Se acabó la fiesta y tan sólo quedaron el padre, la madre y la familia inmediata. Esperaban al Padre Santos. Este llegó con una *palangana* de agua bendita y *regaba* el trompo cada vez que cruzaba por su lado. Todo fue inútil, ni agua bendita ni frases latinas podían inmovilizarla. La princesa seguía girando . . . Quizás giraría hasta consumirse.   **water basin** **se la echaba** **(el agua)**

—¿*Pol* qué, Padre Santos? ¿*Pol* qué? ¿*Pol* qué?   **pol=por**

—Calma, señora. Tenga fe, mucha fe. El Señor nos envía pruebas muy difíciles de entender a veces. Fe, mucha fe. . .

Y el sacerdote seguía *rociándola* con agua bendita cada vez que le giraba cerca. . .   **regándola/** *spraying her*

Ejercicios

I. *Complete estas oraciones con las palabras que faltan y que se encuentran en el cuento que acaba de leer.*

1. Sarita asistía a una escuela llamada "La Academia del Saber"
2. Ella tenía que ir a la costurera para comprar un vestido
3. El vestido era para su fiesta de cumpleaños.
4. Sarita pesaba que quiere su jeans
5. La comida de Sarita consistía en _____ .
6. El traje de Sarita tenía piedras del río, esmeraldas y perlas.
7. Sarita comía mamoncillos mientras se compraa el vestido.
8. Su fiesta se iba a celebrar en la Joya de Occidente
9. El peinado de la mamá de Sarita era estilo María Antonieta.
10. La fiesta de Sarita era una imitación de una tumba egipcia
11. Los jóvenes que acompañaban a las chicas estaban vestidos de esclavos nubios

12. Sarita apareció en el salón montada en *un camello rojizo*
13. Los padres de Sarita estaban desesperados porque ella *no puede parar bailando.*
14. *Padre Santos* vino para hacerle un exorcismo.
15. Esto se hacía echándole *agua* .
16. Al terminar el cuento no sabemos si *ella esta muerta o no.*

II. *Dé un antónimo de cada palabra señalada. Búsquelos en el cuento mismo y en las glosas.*

1. Aquellas escuelas *escaseaban* en su barrio.
2. Sarita estudiaba en un colegio *público*.
3. En esta casa se *gasta* mucho dinero.
4. Se acomodaba en una silla *detrás de* la mesa.
5. ¡Se sentía tan *triste* con sus pantalones mecánicos!
6. Se apresuró a *subirse a* la guagua.
7. No sé si se *acaba* con un danzón o con un vals.
8. Ese local es bastante *barato*.
9. Sus pestañas eran *verdaderas*.
10. Sarita había *rebajado* casi seis libras.
11. Allí había un pequeño lago *natural*.
12. Empezó a bailar la *última* pieza con su hija.

III. *Escriba la palabra o frase que corresponde a cada definición. Todas están en el cuento.*

1. Guardar dinero en el banco. _____
2. Sirvienta de una escuela. _____
3. Combustible que hace andar a un automóvil. _____
4. La pubertad. _____
5. Sin apetito. _____
6. El autobús en las Antillas. _____
7. Una fruta tropical que le gustaba a Sarita. _____
8. Río egipcio que se menciona en el cuento. _____
9. Animal que mordió a Cleopatra. _____
10. País europeo que tiene frontera con España al este. _____
11. Baile con que se comienza una fiesta de quince años. _____
12. Antónimo de *Oriente*. _____
13. Donde se entierra a un muerto. _____
14. Lugar en el desierto, con agua y vegetación. _____
15. Silla donde se sientan el rey y la reina. _____
16. Animal que se usa para viajar en los desiertos. _____
17. Vals vienés muy conocido. _____
18. Nombre que se le daba al emperador de Egipto. _____
19. Juguete que gira sobre su propio eje. _____
20. Lámpara muy elegante que se usa en las casas muy lujosas, palacios, etc. _____

IV. *Preguntas para iniciar una conversación.*

1. ¿Vio Ud. la película *El exorcista*? Dé un resumen breve de la misma.
2. ¿Qué relación existe entre el final de *Los quince* y la película *El exorcista*?
3. ¿Qué otras películas de horror ha visto Ud.? Describa alguna.
4. ¿Qué diferencia hay entre las películas de misterio, como las de Alfred Hitchcock, y las de monstruos?
5. ¿Cree Ud. que los niños pequeños deben ver películas de monstruos? ¿Por qué, por qué no?

V. *Composición dirigida. «Mi comedia musical favorita».*

1. ¿Cuál es su comedia musical favorita? Si no sabe el título en español, averígüelo. (*El rey y yo, Mi bella dama, Anita, Gatos, Evita*, etc.). ¿Por qué es ésa su favorita?
2. Diga si Ud. ha visto esa obra en el teatro, el cine o la televisión. Explique cómo empieza.
3. Explique cómo termina esa comedia musical.
4. ¿Ha visto Ud. una ópera o una opereta alguna vez? ¿Puede nombrarla y decir dónde la vio?
5. Resuma, brevemente, esa ópera u opereta.

CAPÍTULO 6
Puntos de vista y modos de sentir hispanos

Conversación entre tres estudiantes de la clase de Estudios Chicanos del profesor Hilario Gómez

Joaquín Valdés, Elvira Suárez y Janice Ochoa salen, muy entusiasmados, de la clase del Prof. Gómez. Acaban de presentar sus informes sobre la prensa hispana de los Estados Unidos frente al *alumnado* y el maestro ha quedado complacido con sus investigaciones. Hace un día estupendo, soleado, y los tres se sientan en *la grama* a conversar.

student body

el césped, la hierba; muy cansado; noten/notice

JOAQUÍN. —Me siento *verdaderamente agotado*, pero contento al mismo tiempo. *Fíjense* que llevamos un mes con este proyecto de la prensa hispana. Claro que fue una de las cosas más interesantes que he hecho desde que estoy en esta universidad.

ELVIRA. —Yo opino lo mismo. A través de la prensa, he llegado a entender muchas de nuestras características como grupo étnico, de nuestra idiosincrasia. ¿Qué opinas tú, Janice?

JANICE. —Estaba pensando en algo. ¿Creen Uds. que existen, realmente, puntos de vista y modos de sentir hispanos? Mientras leíamos *El Diario-La Prensa* en

168

mi grupo, yo fui recortando artículos sobre temas que considero genuinamente latinos.

JOAQUÍN. —Lo mismo se hizo con los otros dos diarios. Si mal no recuerdo, el profesor nos había sugerido que hiciéramos eso como parte de un estudio futuro sobre ese tema: puntos de vista y modos de sentir hispanos. ¿Cuáles son, para Uds., algunos de éstos?

JANICE. —Uno de los temas básicos de los que parten muchas de nuestras maneras de sentir es la religiosidad; esto es algo muy importante para nosotros, los hispanos, que se refleja constantemente en la prensa. Igual lo encontramos en nuestra literatura.

ELVIRA. —Estoy de acuerdo, y voy a agregar otro: la muerte. Esto se encuentra íntimamente *ligado* al tema   **unido** religioso, desde luego. Yo diría que el anglosajón, en general, evita las referencias a la muerte mientras que nosotros la aceptamos con más naturalidad. Ya sé que estoy generalizando, pero se trata tan sólo de una opinión particular.

JANICE. —Creo que tienes razón, yo también opino así. Quería aclarar que, cuando menciono la religiosidad, no sólo incluyo la ortodoxia cristiana, sino también otras manifestaciones más populares de fiestas de santos, etc. Otro tema conectado con éste es el de la moral, sobre todo la moral sexual. Aunque nuestra generación se halla más abiertamente bajo la influencia de la sociedad norteamericana en general a ese respecto, creo que todavía no hemos asimilado, en un cien por ciento, la idea de absoluta libertad sexual que la juventud contemporánea trata de proyectar.

JOAQUÍN. —Yo no puedo pensar en temas tan definidos como los de Uds. He visto que existe un fuerte hispanismo en la prensa que se expresa de diversos modos: a través de fiestas y celebraciones como *los*   **las paradas** *desfiles* del Día de la Hispanidad, y los eventos de la Semana Nacional de la Herencia Hispánica, a través de las expresiones nacionalistas de algunos grupos como el cubano. Este sentimiento hispanista en ocasiones aparece conectado con la política. Los candidatos latinos utilizan el tema como parte de su plataforma electoral y apelan al público de lengua y cultura españolas para que vote por ellos basándose, casi con exclusividad a veces, en el mero hecho de ser hispanos.

ELVIRA. —Estupendo, ya vamos viendo con más claridad cuáles son algunos de nuestros puntos de vista, modos de sentir, costumbres y demás. Pero, ¿han visto el reloj? Ya es hora de regresar a clase. Yo, por lo menos, tengo ahora Psicología así que, chao,[1] nos vemos.

JANICE. —Chao, Elvira.

JOAQUÍN. —Hasta luego y. . . ¡sigue pensando en lo que hemos estado discutiendo! Creo que vale la pena.

Joaquín y Janice tienen una hora más de receso, así que continúan su conversación.

JANICE. —Mira Joaquín, aquí tengo un recorte de *El Diario-La Prensa* que resume la idea de la hispanidad. Te lo voy a leer, es bastante corto.

Editorial. Hispanidad

Más que una palabra es una idea que *se remonta* en los siglos *fundiendo* razas y pueblos y culturas en el crisol de la historia. **va hacia atrás** / **melting**

Es lo que somos cientos de millones de hombres y mujeres y niños, veinte millones de los cuales vivimos en Estados Unidos. Se *forjan* sus raíces en España y en el África negra y en el África mora[2] y entre los ancestrales pueblos indígenas en *las cumbres* del Cuzco[3] y en las pirámides de Yucatán[4] y en los bohíos del Caribe. **forman** / **los picos**

Como una sola voz que surge de una sola sangre, es el sueño de un pueblo en el que se han ido *vaciando* todos los pueblos de la tierra. El sueño victorioso que se ha dicho en poesía y en música, en sufrimiento y en sangre. La hispanidad. **emptying**

Es lo que de niños aprendimos de nuestros padres y nuestros padres de sus padres. Es lo que somos. Es lo que va más allá de la política, más allá de la geografía. Es, simplemente, lo que va más allá. La hispanidad.

---

[1] La palabra chao (del italiano *ciao*) se usa mucho entre hispanos como equivalente de hasta luego, hasta la vista, adiós, etc. Su origen probable se encuentra en la región del Río de la Plata en Suramérica, donde hay numerosos descendientes de inmigrantes italianos.

[2] El África mora comprende los países habitados por árabes. Los moros invadieron España en el siglo VII y estuvieron allí hasta 1492, en que fueron totalmente expulsados.

[3] Ciudad situada en el sur del Perú, antigua capital del Imperio de los Incas. Según la leyenda, el Cuzco fue fundado por Manco Capac, el primer emperador.

[4] Península al sureste de México, habitada por los indios mayas y sus descendientes.

Es la América hija del león español,[5] desde las pampas[6] hasta las calles de Nueva York, desde las cumbres del Chimborazo[7] hasta los barrios de Los Ángeles. Desde el Viejo San Juan hasta Chicago.

Es el pueblo que primero construyó iglesias y acueductos en lo que es hoy Estados Unidos. Es el pueblo que en matemáticas descubrió el concepto del cero y en astronomía desarrolló el observatorio antes que Europa. Es el pueblo valiente hasta en la miseria en los *arrabales* de México y en los *arrabales* del Bronx. Es el pueblo de los niños con el futuro en los ojos risueños. barrios pobres

Por la Quinta Avenida de Manhattan marcha el domingo el Desfile de la Hispanidad, en celebración de tres millones de hispanos en la zona metropolitana a ambos lados del río Hudson.[8] Feliz coincidencia, el de este año es el último desfile antes de que en julio próximo se celebre en toda nuestra América el bicentenario de Simón Bolívar,[9] doscientos años del más vibrante *forjador* del sueño de la hispanidad, del sueño libertador de la unidad de nuestros pueblos. formador

Es el sueño dicho en la lengua que nos *legó* España, el sueño que vive en el ser argentino y boliviano y colombiano y costarricense y cubano y chileno y dominicano y ecuatoriano y filipino y guatemalteco y hondureño y mexicano y panameño y paraguayo y peruano y puertorriqueño y salvadoreño y uruguayo y venezolano. Todos uno.[10] trasmitió

El Diario-La Prensa, New York City, jueves 7 de octubre de 1982, p. 25. (Adaptado)

[5] Se refiere al león que aparece en el escudo (*coat of arms*) de Castilla, región situada en el centro de España, donde se halla Madrid, la capital.

[6] Llanuras muy extensas y desprovistas de árboles en la América del Sur.

[7] Volcán inactivo cubierto de nieves eternas en los Andes del Ecuador.

[8] Río que separa al estado de Nueva York del de Nueva Jersey en una parte de su frontera.

[9] Simón Bolívar nació en Venezuela y se le considera como el héroe más grande de toda Hispanoamérica. Liberó a Colombia, Venezuela, Ecuador, Perú y Bolivia de la colonización española.

[10] El 12 de octubre, día en que todos los países del continente americano celebran el descubrimiento de América por Cristóbal Colón, se suele llamar el Día de la Raza en las naciones hispanohablantes. También se le llama el Día de la Hispanidad. Esto se debe a que, como el descubrimiento del Nuevo Mundo se realizó bajo los auspicios de la corona española y, de este modo, la lengua y la cultura hispanas llegaron y se extendieron a través de este continente, los hispanos siempre han considerado esta fecha como algo muy suyo. Este honor lo comparten con los italianos, puesto que Colón era natural de Génova, Italia. Pero, verdaderamente, este descubrimiento fue una empresa española, y no italiana. En los Estados Unidos, el 12 de octubre es, pues, la fiesta hispana por excelencia, día en el que todas las personas de origen hispano se sienten unidas por los valores comunes que España les legó.

Ejercicios

I. *Preguntas de contenido.*

1. ¿Dónde se reúnen a conversar Joaquín, Elvira y Janice? *en la grama*
2. ¿Qué acaban de hacer ellos? *Discuten sus investigaciones*
3. ¿Qué reacciones tienen ellos después de sus presentaciones? *contentos*
4. ¿Cuál es, para Janice, un tema básico entre los hispanos? *religiosidad*
5. ¿Qué agrega Elvira? *la muerte*
6. ¿Qué opina Janice del tema de la moral sexual? *es la influencia nortean.*
7. ¿Cuál es, para Joaquín, otro tema básico? *celebraciónes, fiestas*
8. ¿Qué le muestra Janice a Joaquín? *un recorte*
9. ¿Cuáles son las raíces de la hispanidad, según el editorial? *①*
10. ¿Qué cosas importantes hicieron los primeros españoles que llegaron a lo que es hoy los Estados Unidos? *Construyó iglesia y acueductos*
11. ¿De qué celebración habla este artículo, que se lleva a cabo en Manhattan, Nueva York? *el bicentenario de Simón Bolívar.*
12. ¿Quién fue Simón Bolívar? *Fue un héroe y libertador de SurAmérica de colonización española.*

II. *Escriba una oración completa y original empleando cada palabra o frase de esta lista.*

1. el alumnado
2. quedar complacido(-a)
3. la grama
4. sentirse agotado(-a)
5. el punto de vista
6. proyectar
7. los desfiles
8. remontarse
9. la hispanidad
10. los arrabales

III. *Dé el antónimo de cada palabra señalada. Todos se encuentran en el texto de la conversación.*

1. Salen, muy *deprimidos*, de la clase del Prof. Gómez.
2. Hace un día *terrible, nublado.*
3. Se trata de un problema del *pasado.*
4. Éste es uno de los temas *secundarios.*
5. Nosotros *rechazamos* ese punto de vista.
6. Aquí incluyo las manifestaciones de la *heterodoxia.*
7. Descubrimos un tema *desconectado* de ése.
8. Esas ideas son *relativas.*
9. Mis pensamientos son más *indefinidos.*
10. Aquí hay mucha *oscuridad.*
11. El recorte de periódico es bastante *extenso.*
12. Esto lo *enseñamos* a nuestros padres.

IV. *Preguntas para iniciar una conversación.*

1. ¿Qué desfiles ha visto Ud.? ¿Cómo los ha visto: en persona, en la televisión, en el cine?

2. Describa un desfile que Ud. haya visto recientemente.
3. ¿Qué le gusta más y qué le gusta menos de los desfiles?
4. ¿Sabe Ud. qué son los carnavales, como el Mardi Gras de Nueva Orleans? ¿Puede describirlos?
5. ¿Dónde se celebran carnavales famosos en la América Latina? ¿Los ha visto Ud. en el cine o en la televisión o ha leído sobre ellos en el periódico? Desarrolle su respuesta.

V. *Composición dirigida. «Un desfile».*

1. Describa un desfile que Ud. haya visto en persona o en la televisión.
2. Diga cuáles son algunas de las ocasiones por las cuales se celebran desfiles.
3. Diga qué impacto tienen los desfiles en el público que los observa y que participa en ellos.
4. Exprese cuáles son los peligros que puede haber en un desfile.
5. Diga si Ud. prefiere participar en un desfile o verlo en la televisión y por qué. Resuma sus sentimientos en pro o en contra de los desfiles.

La religiosidad de los hispanos

Eslabón Hispánico. Los hispanos en la mira del programa de los obispos católicos

sight

Perdidas en la *precipitación* radioactiva del debate sobre la guerra nuclear en la reunión anual de los Obispos católicos, realizada entre el 14 y 18 del pasado noviembre en Washington, se hallaron cuatro medidas importantes que debieron llevar a los hispanos a los *bancos* delanteros de la Iglesia, una vez que la declaración sobre la paz y la guerra se apruebe, en mayo próximo, en una reunión especial en Chicago.

fallout

asientos/ benches

La primera de ellas fue un foro sobre el ministerio hispano, orientado hacia la acción, en el cual 34 obispos pidieron *al pleno* de la conferencia que hicieran de los hispanos la prioridad más importante, con recomendaciones sobre la asignación de recursos, la creatividad en la programación y una necesaria actitud de bienvenida hacia los hispanos.

a todos los miembros

Segunda, el pleno de la conferencia, cerca de 250 de todos los 390 obispos de los Estados Unidos, *acordaron* establecer una posición para tratar del ministerio juvenil hispano en la Conferencia Católica de los Estados Unidos, la entidad nacional de actividad de los obispos, reconociendo así la edad promedio de 22 años de los hispanos.

estuvieron de acuerdo en

Tercera, la conferencia aprobó la redacción de *un borrador* para una declaración de la conferencia sobre el ministerio hispano—un documento autorizado en paridad con el referente a la guerra y la paz. Un borrador final, preparado por un comité especial de redacción de los obispos, podría estar listo para noviembre próximo.

a draft

Cuarta, al documento y su mensaje se les dio primera prioridad en una relación de asuntos presentada a los obispos.

Cecilio J. Morales, Jr. *El Diario-La Prensa*, New York City, miércoles 5 de enero de 1983, p. 24. (Adaptado)

174

Ahora los obispos y su personal administrativo tendrán que *probar su temple* redactando un documento enérgico con guías específicas y, después de su aprobación, supervisando su continuación de modo que conduzca a una puesta en práctica significativa.

give proof of their courage

La cuestión no es tanto si todo el mundo quiere a los hispanos—aunque la historia *plantea* la pregunta—sino si los valores que la Iglesia mantiene pueden *traducirse* en programas y *presupuestos* que lleguen con eficacia al hombre o la mujer en los bancos de la iglesia, o al joven en las calles.

presenta

convertirse; budgets

Ya los obispos han *expedido* dos declaraciones definitivas sobre asuntos relacionados durante los pasados tres años—una sobre racismo y otra sobre pluralismo cultural. Como podría haber dicho Calvin Coolidge, estaban en contra del primero y a favor del último.

hecho

Empero, los documentos han producido poco efecto. La declaración de que «el racismo es un pecado

sin embargo

deplorable» no ha llegado al centro de la conciencia de los católicos estadounidenses. Ni tampoco se hallan los católicos de los Estados Unidos en mejor disposición para trabajar con la diversidad de culturas igualmente meritorias, tanto en la Iglesia como en la sociedad.

Sin embargo, no hay razón para creer que los obispos *se proponen* adoptar sólo un gesto vacío. En verdad, durante su reunión manifestaron la clase de actitud y metodología que se proponen aplicar al reaccionar frente a los hispanos.   quieren

«Hubo un sentimiento extendido entre nosotros, de que los hispanos no son alguna clase de 'problema' a resolver, sino más bien una gracia para nuestra Iglesia», dijo el Obispo Roger Mahoney, de Stockton, California, *haciéndose eco de* las palabras del decano de los 14 obispos hispanos, el Arzobispo Patricio F. Flores, en la conferencia de los obispos en 1980.   repitiendo

Más allá se halla una serie de *retos* a los que la Iglesia tendrá que enfrentarse de modo concreto: *challenges*

*Los hispanos componen una tercera parte de los 50 millones de católicos estadounidenses, sin embargo, su presencia a todos los niveles de la estructura eclesiástica es reducida. Por ejemplo, sólo hay 1,400 sacerdotes hispanos de un total nacional de 50,000; si se agrega a los sacerdotes no hispanos que hablan español, entonces casi se duplicaría la cantidad, para alcanzar un aproximado de 3,000.

*Durante *el decenio* anterior, las iglesias protestantes han atraído a un volumen de hispanos que se estima entre 1,200,000 y 2,100,000, por haberse dispuesto a servirlos, de igual modo que los obispos católicos están comenzando a hacerlo ahora.   la década

*La Conferencia Católica de los Estados Unidos no tiene, al tiempo de escribir este artículo, *dotación* de fondos ni para una sola *plaza* o un solo programa para los hispanos, aún para su propio Secretariado de Asuntos Hispanos, que recibe una subvención procedente de un fondo especial de misiones.   *endowment* **un puesto**

*Aunque hay 110 oficinas regionales y diocesanas para el ministerio hispano, todas menos *un puñado* de ellas son posiciones simbólicas, sin recursos eficaces ni *potestad* de hacer que ocurran acontecimientos.   **algunas/**a *handful* **poder**

*Exceptuando a California, las conferencias católicas estatales no tienen mecanismos ni personal para

incluir a las perspectivas hispanas en los cursos de
acción, la programación y las actividades.

Hasta muy recientemente, la prensa católica mencionaba *rara vez* a los hispanos, a no ser para decir
que estaban yéndose de la Iglesia Católica. Contra todas las probabilidades, empero, la mayoría de los hispanos tiene probabilidades de mantener su identidad
católica, así como ha conservado su español, ya sea
desde las últimas bancas de la iglesia o en las calles.

con poca
frecuencia

En verdad, los hispanos han aportado a la Iglesia
estadounidense movimientos como los Cursillos y los
Encuentros Matrimoniales,[1] que florecen aun entre los
no hispanos. La dedicación animosa de los hispanos
también ha enriquecido la vida litúrgica de la Iglesia.
Las demandas que plantean en nuestra sociedad, ya
sea en calidad de refugiados de la América Central
destrozada por la guerra, o como organizadores *sin-
dicales* entre los trabajadores agrícolas de California,
Michigan o Texas, *atestiguan* un profundo sentido de
la justicia *subyacente* en la cristiandad.

de los
sindicatos
de obreros;
dan testimonio
de; *underlying;*

Los obispos creen esto y lo entienden, tarde y con
limitaciones, pero así es. *Nos toca* al resto de nosotros
equipararnos con ellos.

it is up (to us);
hacernos
iguales a

Editorial. *Los Reyes que llegaron a Belén*[2] . . .

La tradición pertenece a toda la cristiandad como
símbolo de unidad entre razas y nacionalidades, porque los Tres Reyes Magos que *rindieron tributo* al
niño Jesús en aquel *pesebre* de Belén, guiados por la
brillante estrella, venían de distintos países y uno de
los Reyes era negro.

paid homage
manger

Pero por universal que sea la tradición de los Reyes,
históricamente ha sido más fuerte en el mundo hispánico. La víspera de la Epifanía, los niños recogen
hierba y la dejan en cajas bajo sus camas para que los
camellos coman. Al amanecer del 6 de enero, las cajas
están repletas de regalos para los *jubilosos* niños.

alegres

En algunos países latinos, la Nochebuena es la gran
celebración y niños y adultos reciben regalos como

[1] Estas prácticas católicas se originaron en España y han pasado a América. Son muy
populares en los Estados Unidos, inclusive entre los no hispanos. Los cursillos (*mini-
courses*) duran alrededor de tres días y tienen como objeto el reforzar la espiritualidad
cristiana. Los encuentros matrimoniales también suelen durar un fin de semana. Se
llevan a cabo para fortalecer la unión espiritual entre los esposos.
[2] *Bethlehem*, pueblo de Israel donde nació Jesús, según la tradición cristiana.

obsequio del *recién nacido* Niño Jesús. En esos países,   *newlyborn*
la Epifanía podrá no ser ya fiesta nacional, pero la
solemne festividad religiosa queda con su mensaje.

En Nueva York, sin embargo, Melchor, Gaspar y
Baltasar todavía están muy vivos en la comunidad
hispana, aunque la Navidad también sea la mayor celebración.

La tradición de los Tres Reyes vive en Nueva York
por dos razones. Primero, les recuerda a los hispanos
sus raíces en distintas naciones latinoamericanas y es
un válido modo emocional de conservar vivas las tradiciones hispanas en los niños que aquí crecen.

La segunda razón por la cual los Santos Reyes *ca-*   **montan**
balgan en sus camellos por los barrios neoyorquinos
es principalmente los puertorriqueños y los dominicanos. Interesantemente, aunque Puerto Rico es el
país latinoamericano de *más estrechos* lazos con Es-   *closest*
tados Unidos, es en la isla—y en la República Dominicana—donde la Fiesta de la Epifanía parece estar
más viva. De hecho, en Puerto Rico la *temporada* na-   **época**
videña abre el *Día de Acción de Gracias* y concluye,   *Thanksgiving*
no con los Reyes, sino con la octavita, ocho días des-   *Day*
pués. En la República Dominicana, también acaba
ocho días tras la Epifanía, cuando la mítica vieja Belén
les trae *chucherías* a los niños que no hayan sido ob-   *trinkets*
sequiados antes.

Símbolo de solidaridad humana, de humildad y de
generosidad, esta vibrante celebración conmemo-
rando el tributo de los Santos Reyes al Niño Jesús es
uno de los muchos regalos que los hispanos han traído
para hacer más ricas a Nueva York y a otras ciudades
norteamericanas. De nuevo, ¡FELICIDADES!

El Diario-La Prensa, New York City, jueves 6 de enero de 1983, p. 21. (Adaptado)

Ejercicios

I. *Preguntas de contenido.*

1. ¿Cuál fue la primera medida que los obispos católicos tomaron
   en relación con los hispanos en su reunión anual?
2. ¿Cuál fue la segunda medida?
3. ¿Recuerda Ud. cuáles fueron la tercera y la cuarta?
4. ¿Cómo deben traducirse los valores que la iglesia mantiene en
   relación con los hispanos?

5. ¿Qué declaraciones se han expedido ya?
6. ¿Ha tenido efectos verdaderos la declaración contra el racismo?
7. ¿Qué dijo el obispo Roger Mahoney?
8. ¿Qué parte de los católicos estadounidenses representan los hispanos?
9. ¿Cuántos sacerdotes hay, en total, que hablan español?
10. ¿Qué éxito han logrado las iglesias protestantes?
11. ¿Qué le falta a la Conferencia Católica de los Estados Unidos?
12. ¿De qué carecen las conferencias católicas estatales?
13. ¿Qué instituciones importantes han aportado los católicos hispanos a la Iglesia en los Estados Unidos?
14. ¿Cómo han demostrado estos católicos hispanos su profundo sentido de la justicia?
15. ¿De qué fiesta religiosa habla el segundo artículo?
16. ¿Qué hacen los niños hispanos el 5 de enero por la noche?
17. ¿Por qué razones todavía vive en Nueva York la tradición de los Tres Reyes Magos?
18. ¿Cuándo empieza y cuándo termina la temporada navideña en Puerto Rico?

II. *Dé un sinónimo de cada palabra señalada. Búsquelos en los artículos mismos y en las glosas.*

1. Hubo *una discusión* sobre la guerra nuclear.
2. Se hallaron cuatro medidas *fundamentales*.
3. Debieran sentarse en los bancos *al frente*.
4. Tendrán una reunión *extraordinaria* en Chicago.
5. *Decidieron* establecer una nueva posición.
6. Fue preparado por *una junta* especial de redacción.
7. Deben redactar un documento *potente*.
8. *El asunto* no es tanto si todo el mundo los quiere.
9. Están *en pro* de la última declaración.
10. Su presencia en la estructura eclesiástica es *limitada*.
11. De ese modo, casi se *doblaría* la cantidad.
12. No tienen *poder* de hacer que ocurran acontecimientos.
13. La prensa católica los mencionaba *con poca frecuencia*.
14. Iban *dirigidos* por la brillante estrella.
15. La Navidad sigue siendo la mayor *festividad*.
16. Los Santos Reyes *montan* en sus camellos.
17. Es el país de más *fuertes* lazos con los Estados Unidos.
18. La *época* navideña abre el Día de Acción de Gracias.

III. *De cada oración, diga si es verdadera o falsa. Corrija las falsas, comentando brevemente sobre cada una.*

1. La reunión de los Obispos Católicos tuvo como tema principal la situación de los hispanos en los Estados Unidos.

2. La edad promedio de las personas de origen hispano en este país es de 22 años.

3. En los Estados Unidos había 250 obispos católicos cuando se escribió este artículo. ~~390~~

4. Los obispos están en contra del pluralismo cultural.

5. La iglesia católica cree que los hispanos son un «problema».

6. Hay 50 millones de católicos hispanos en los Estados Unidos.

7. Hay menos de un millón de hispanos pertenecientes a las iglesias protestantes estadounidenses.

8. Casi todas las oficinas regionales y diocesanas para el ministerio hispano son sólo posiciones simbólicas.

9. En California, la conferencia católica estatal es la que mejor funciona.

10. Los Cursillos nacieron en la Iglesia Luterana.

11. La fiesta de la Epifanía coincide con el Día de Acción de Gracias.

12. Los hispanos de Nueva York todavía celebran la festividad de los Tres Reyes Magos.

IV. *Preguntas para iniciar una conversación.*

1. ¿Pertenece Ud. a alguna organización universitaria? Desarrolle su respuesta.

2. ¿Qué condiciones existen para pertenecer al club?

3. ¿Qué actividades se llevan a cabo en ese club o en esa organización?

4. ¿A qué otras organizaciones pertenece Ud. fuera de la universidad? Explíquese.

5. ¿Qué ventajas tiene el pertenecer a una organización universitaria o de otro tipo?

V. *Composición dirigida. «Mi organización predilecta».*

1. ¿Cuál es su organización predilecta y por qué?

2. ¿Qué condiciones le impusieron a Ud. para poder inscribirse en ella?

3. ¿Qué actividades se llevan a cabo en la misma?

4. ¿Qué ventajas tiene esta organización para sus miembros?

5. ¿Qué otros comentarios puede Ud. agregar relativos a su membresía en esa organización?

Manifestaciones religiosas populares. La muerte.

Un espectáculo de horror con características dobles.

Para los niños de la frontera entre los Estados Unidos y México, el final de octubre trae un espectáculo de horror con características dobles. Con dulces y *rositas de maíz*, desde luego, y *galletitas* adornados con *calaveras*.

    popcorn
cookies
skulls

El domingo 31 de octubre, víspera del Día de Todos los Santos, se celebrará *Halloween*, la festividad celta introducida en esta nación por los irlandeses y escoceses. Se destacan *las brujas y los duendes*.

    witches and elves

Después, el lunes lro. de noviembre, llega la versión mexicana del Día de Todos los Santos—el Día de los Muertos. Sus personajes son la «llorona» y la muerte—la mujer que llora y la Sra. Muerte misma.

En español, la muerte pertenece al género femenino. Según el famoso poeta y filósofo mexicano, Octavio Paz,[1] es también un espejo que refleja los gestos

[1] Notable ensayista y poeta mexicano del siglo XX que en sus escritos ha profundizado sobre la esencia del mexicanismo.

Eslabón Hispánico (por José Antonio Burciaga). *El Diario-La Prensa*, New York City, jueves 28 de octubre de 1982, p. 26. (Adaptado)

181

vanidosos de los vivos. Pero cuando yo crecía junto a la frontera entre El Paso y Juárez, no pensaba en eso.

Halloween era de colores de naranja y negro, de habla inglesa y adornado con *disfraces* hechos en casa. Para recoger los dulces que *nos cariarían* los dientes, gritábamos «*tricky-tree*» (versión de «*trick or treat*») pero no sabíamos lo que significaba. *Nos adentrábamos* tanto como quisiéramos en vecindades extrañas, sin temor de que otros niños nos asaltaran ni de que los adultos nos endrogaran.

disguises
nos darían caries *(cavities)*;

penetrábamos

En el Día de Todos los Santos, que le seguía, todos los alumnos de la escuela asistían a Misa. La muerte se halla presente en toda la cultura mexicana. Hasta la fecha, se le llama «Calle del Muerto» a la calle Myrtle de El Paso.

En nuestro Día de los Muertos (también llamado «Día de los Fieles Difuntos» en otros países) los vendedores de flores hacían buen negocio. El cementerio de la Concordia se llenaba de personas que visitaban las tumbas de sus familiares, arreglándolas, limpiándolas, poniéndoles flores, rezando y pasando algunos momentos de recordación. Cada *sepultura* era un mundo aparte. Del otro lado de la frontera, en México, los ritos duraban toda la noche y eran más complicados. Los cementerios de este lado tienen horas de visitas estrictas, como si los muertos tuvieran costumbres para dormir.

tumba

Cuando éramos niños, algunas veces íbamos en automóvil a Chihuahua[2] con parientes que se negaban a viajar a más de 50 millas por hora. Para evitar el calor intolerable del desierto, viajábamos de noche. A esa velocidad, podíamos ver y oír a los coyotes *aullando* a la luna.

howling

Nos alojábamos en la vieja casa de un tío sacerdote, que nos prevenía sobre una enorme bola de *acero* que *rodaba* por los pisos de madera de la casa en medio de la noche, el ruido era increíblemente *aterrador*. «La bola de acero representa los pecados del mundo», decía Tío Padre.

vivíamos
steel
rolled
que causa terror

De regreso en casa, en El Paso, nos enfrentábamos a los fantasmas de las montañas Franklin. Se dice que las famosas Minas Perdidas del Padre están situadas allí. Cuando se abrió una carretera a través de la montaña entre El Paso del Este y El Paso del Oeste, se

[2] El estado más grande de México, situado al norte, junto a la frontera con los Estados Unidos.

informó acerca de una *racha* de visiones *fantasma-góricas*. Los periódicos citaron a *testigos presenciales* que decían haber visto a monjes atravesando la carretera corriendo, subir las montañas y cruzar los *arroyos*. Algunos presumieron que los monjes estaban escondiendo el tesoro perdido en un lugar más seguro.

serie; de fantasmas; *eye witnesses*

brooks

Pero la figura más legendaria del folklore mexicano es «la llorona»—la mujer que se lamenta; los relatos acerca de ella varían según la región, pero el *personaje* es el mismo siempre. Por razón de que el Río Grande estaba próximo, nuestra «llorona» corría hacia arriba y abajo del *malecón* o del *cauce* seco del río en busca de sus hijos perdidos. Por alguna razón, la «migra»—la patrulla fronteriza—nunca la molestó.

character

dike; (*river*) *bed*

Quizás esto se debía a que la «llorona» estaba completamente loca y no era peligrosa para nadie; no obstante, nosotros los niños siempre estábamos asustados de que pudiera *secuestrarnos*. Nunca vi una fotografía de ella, pero según las descripciones verbales, la «llorona» tenía el cabello largo, gris y desarreglado, y un aspecto extravagante, vestía de negro y andaba *descalza*.

kidnap us

sin zapatos

El temor de que nos secuestrara nos hacía *portarnos* bien.

behave

Algunas veces, mi tía Bibi nos cuidaba cuando nuestros padres asistían a una fiesta.

Fuera de la casa de Tía, había un patio de tierra; de vez en cuando, la «llorona» venía y excavaba alrededor del patio, buscando a sus hijos perdidos; no hacíamos ningún ruido por temor de llamarle la atención.

El sonido de una *pala* contra la tierra en una noche sin luna me da frío en la médula espinal todavía.

shovel

¡Que tengan un *Halloween* y un Día de los Muertos felices!

Hoy, 17 de diciembre. 300 años después hispanos de New Jersey siguen venerando a San Lázaro de Betania.[3]

Hace 300 años, en 1681, un *acaudalado* nativo de las Islas Canarias con un hijo leproso *desahuciado* por los médicos para poder hacer una vida normal, fundó en Cuba el *Leprosorio* que en 1916 se consolidaría en El Rincón, en la provincia de La Habana, como su

rico

given up

hospital para leprosos

---

[3] *Bethany*, pueblo de Israel donde, de acuerdo a la tradición cristiana, vivían Lázaro y sus hermanas Marta y María, amigos de Jesús.

angustiosa contribución para que las personas que *padecían* del terrible mal tuvieran algún *alivio* en sus dolores.

sufrían; mejoría

Don Pedro Alegre, en aquella lejana fecha del siglo XVII, ponía las primeras bases de lo que después sería una devoción popular hispana por el santo que la inspiró, Lázaro, hermano de Marta y de María, resucitado por Nuestro Señor Jesucristo cuatro días después de haberse muerto y cuya vida puede encontrarse en el Evangelio según San Juan, Capítulo XI, convertido por la posteridad en San Lázaro de Betania.

En 1847 llegó a Cuba, extendiéndose a todas las Antillas, la congregación de las Hijas de la Caridad de San Vicente de Paúl, la misma que en 1916 ayudó a crear y a sostener con la devota integración de sus miembros, el leprosorio existente en *la pequeña población* habanera a donde miles de cubanos *acuden* cada 17 de diciembre con sus dádivas y sus esperanzas, unos buscando alivio a sus *males*, otros a los de familiares, y cientos en simple devoción al milagroso santo, cuyas *desgarradoras* heridas parecen abrirse todavía a la fe de la humanidad *doliente*.

el pueblecito; van

enfermedades

impresionantes; sufriente

Un millón de cubanos en el *destierro*, honrarán hoy a San Lázaro, en la misma forma en que se hace en toda la América Hispana, «con mucha fuerza en Puerto Rico, donde la devoción por el milagroso santo es tan grande, que es considerada una de las permanentes esperanzas del pueblo creyente», dijo Guadalupe Jiménez, mostrando una gigantesca imagen de San Lázaro de Betania, en Paterson, New Jersey.

exilio

Para todos los hispano-americanos, preferentemente cubanos y puertorriqueños, la devoción por San Lázaro es tal, que miles de hogares lo están velando desde anoche[4] continuando durante todo el día de hoy, y son numerosos los negocios hispanos de Nueva York y Nueva Jersey que llevan inclusive su sagrado nombre, en mueblerías, botánicas,[5] joyerías, *bodegas* y farmacias.

mercados

---

[4] Es costumbre popular el «velar» a los santos. Esto quiere decir que, en la noche anterior a la fiesta del santo o de la santa, se reúnen familias y amigos y celebran una fiesta en su honor. Además de ceremonias religiosas, se preparan comidas, se baila y se canta.

[5] Tiendas muy populares en la ciudad de Nueva York y en otras de los Estados Unidos donde viven muchos hispanos. En ellas se venden hierbas medicinales y artículos religiosos de diversos tipos.

En muchas iglesias católicas de Nueva Jersey se oficiarán misas por San Lázaro hoy, también.

José Rohaidy. *El Diario-La Prensa*, New York City, viernes 17 de diciembre de 1982, p. 10. (Adaptado)

Walter Mercado[6] predice: Castro, Khomeini, Jackie. . .

Fidel Castro estará rodeado de peligros, el Ayatola Khomeini, morirá. Lady Diana tendrá una hija y Jackie Onassis volverá a casarse en 1983, le han asegurado las estrellas y planetas al astrólogo puertorriqueño Walter Mercado.

Las predicciones de Mercado para 1983 advierten, además, que el Papa Juan Pablo II deberá tener mucho cuidado porque le *acecharán* peligros y tendrán momentos difíciles Felipe González en España, François Mitterrand en Francia y Menajem Beguin en Israel.

amenazarán

Sobre Fidel Castro, cuya muerte se *vaticina* todos los años por los *adivinadores* de todo el mundo, dijo que su signo se apaga pero que si logra pasar *lo nefasto*, «Estados Unidos tendrá que abrir los ojos al peligro comunista en el Caribe».

predice
personas que adivinan;
lo fatal

Para Nicaragua y El Salvador vaticinó una creciente democratización que evitará que «caigan en el comunismo».

A Argentina le advirtió problemas internos y momentos muy difíciles pero para la República Dominicana ve una época dorada de «vacas gordas».[7]

En general, en Centro y Suramérica habrá cambios violentos y dramáticos: un nuevo desarrollo económico, volcanes y temblores de tierra. También habrá terremotos y erupciones de volcanes en Hawaii y California.

Al presidente norteamericano Ronald Reagan le advirtió que los eclipses de 1983 le afectarán y que deberá cuidarse mucho.

A Polonia le dijo que vienen mejoras en el país pero amenazas para Lech Walesa, mientras que la imagen

[6] Conocido astrólogo puertorriqueño que tiene un programa muy popular que se ve en la televisión en lengua española de los Estados Unidos. Además de ser un programa de astrología, es cultural, con presentación de bailes, etc. de Puerto Rico.
[7] Frase que aparece en la Biblia, en el Antiguo Testamento (Génesis). Hoy en día se usa en español como equivalente de prosperidad y abundancia. La frase «vacas flacas» significa todo lo contrario: época de pobreza y escasez.

de Puerto Rico en el exterior mejorará y se inicia una nueva era de paz y abundancia para Haití.

Este será el año, según Mercado, en que se estará en *el umbral* de la cura del cáncer y de otras enfermedades hasta ahora consideradas incurables; será el momento en que se unirán la ciencia y la magia, produciéndose muchas curaciones «milagrosas».

el principio

Habrá apariciones de vírgenes, se encontrarán tesoros ocultos, nacerán niños con poderes extraños y seres de otros planetas nos dejarán saber que el hombre no está solo en el Universo.

«La hora grande se acerca pero todavía habrá dolor y sangre», advirtió el astrólogo al señalar que tal vez éste sea el año más trascendental de la humanidad, en que se podrá sentir *la cercanía* de una nueva era.

la proximidad

El 1983 es el Año del *Jabalí*, según la astrología oriental, lo que significa que habrá abundancia y placeres al igual que cambios violentos e importantes, tanto en la superficie de la Tierra como en los gobiernos de los países. Habrá reformas sociales, políticas, en la moral y el sexo.

wild boar

Dijo Mercado a la iglesia que se aleje de la política y señaló que la nueva actitud sexual será muy importante para *las pautas que se marcarán* para el futuro, al igual que las transformaciones sociales y gubernamentales, especialmente en Suramérica.

los patrones (*patterns*) que se establecerán

El Diario-La Prensa, New York City, miércoles 5 de enero de 1983, p. 10. (Adaptado)

Ejercicios

I. *Preguntas de contenido.*

1. Cuáles son las dos fiestas relacionadas con la muerte que celebran los niños chicanos? *Halloween, Día de los muertos*
2. ¿Quién es Octavio Paz? *ensayista y poeta mexicano*
3. ¿Cómo celebraban los niños el día de Halloween?
4. ¿Qué hacían ellos el Día de Todos los Santos?
5. ¿Cuáles son los personajes principales del Día de los Muertos? *los muertos*
6. ¿Qué hacían las personas en el cementerio?
7. ¿Qué hacía el autor del artículo cuando era niño e iba a Chihuahua? *una serie de visiones fantasmagóricas*
8. ¿Qué se veía desde la carretera entre El Paso del Este y El Paso del Oeste?
9. ¿Qué hacía la «llorona»? *Busca a sus hijas perdidas*

10. ¿Quién es San Lázaro de Betania?
11. ¿Cuál es la historia del leprosorio de San Lázaro en Cuba?
12. ¿Dónde se celebra todavía la fiesta de San Lázaro? *puerto rico*
13. ¿Qué es una botánica? *tiendas que venden hierbas medicionales y artículos de religiosos.*
14. ¿Quién es Walter Mercado? *astrólogo puertorriqueños*
15. ¿Qué predicciones hizo Walter Mercado para el año de 1983, relacionadas con países y líderes hispanoamericanos?
16. ¿Qué le advirtió al Presidente Reagan de los Estados Unidos? *deberá cuidarse*
17. ¿Qué dijo en relación al cáncer? *se estará en el umbral de la cura. mucho*
18. ¿Qué señaló en cuanto a la moral sexual? *Habrá reformas*

II. *Dé dos derivados de cada palabra de esta lista. Escriba una oración completa y original con uno de los dos.*

> **EJEMPLO** rosa—*rosita, rosario*
> *Cuando voy al cine siempre compro rositas de maíz.*

1. santo
2. muerto
3. color
4. negro
5. diente
6. flor
7. niño
8. terror
9. pecado
10. región
11. hijo
12. lepra

III. *Dé un antónimo de cada palabra señalada. Búsquelos en el texto de los artículos y en las glosas.*

1. No me gustan las comidas demasiado *saladas.*
2. El Día de los *Vivos* se celebra en noviembre.
3. Esta palabra pertenece al género *masculino.*
4. Su imagen *decrecía* en mi imaginación.
5. Nos adentrábamos en vecindades *conocidas.*
6. El Día de Todos los Santos le *precedía.*
7. Ellos hablan de unas personas *infieles.*
8. El cementerio se *vaciaba* de personas.
9. Pasaban allí momentos de *olvido.*
10. Los criados siempre estaban *ensuciándolas.*
11. Se trata de una temperatura *tolerable.*
12. Llevaba el cabello muy *arreglado.*

IV. *Preguntas para iniciar una conversación.*

1. ¿Cómo celebraba Ud. el día de Halloween cuando era niño(-a)?
2. ¿Qué disfraces se ponen los niños ese día? Descríbalos.
3. ¿Qué regalos recibía Ud. cuando iba de puerta en puerta?
4. ¿Por qué hoy en día es peligroso que los niños salgan el día de Halloween?
5. ¿Está Ud. a favor o en contra de este tipo de celebración o fiesta en que los niños andan por las calles? Explique su respuesta.

V. *Composición dirigida. «El día de Halloween».*

1. ¿Celebraba Ud. este día durante su niñez? ¿Con quiénes salía Ud.? ¿Que hacía Ud.?
2. ¿Qué disfraces usaban Ud. y sus amiguitos? Descríbalos.
3. ¿Qué regalos recibía? Descríbalos.
4. ¿Qué «trucos» (*tricks*) hacían Uds. si no les daban regalos? Explíquelos.
5. ¿Qué problemas existen hoy en día con esta celebración? ¿Qué campaña hacen los medios de comunicación contra la salida de los niños por las calles y por qué?

Hispanismo y nacionalismo

La Semana Nacional de la Herencia Hispánica lleva un mensaje a todos los estadounidenses

El activismo político empieza en casa. Comienza en su propia cuadra, *trepa* al *Ayuntamiento* y a las oficinas del distrito escolar local y continúa su irradiación hacia el exterior. El *adelanto* de cualquier grupo se refleja por último, de costumbre, en Washington, D.C. Eso resulta especialmente cierto en lo *tocante* a la población minoritaria del país.

escala, sube; *City hall, state house;* avance

referente

Si se observa que sucede algo en la capital de la nación, eso le dice que ha sucedido mucho en otras partes durante largo tiempo.

Esta semana, con el apoyo de la proclama presidencial, los Estados Unidos celebran esa parte maravillosa de su herencia que es hispana. La Semana Nacional de la Herencia Hispánica se ha convertido, durante las dos últimas décadas, en un aconteci-

Robert García. *La Opinión*, Los Angeles, Calif., martes 14 de septiembre de 1982, p. 5. (Adaptado)

miento importante, que *involucra* a millones de personas además de los 20 millones de hispanoamericanos que *se enorgullecen* especialmente por la festividad étnica anual.

involves

están orgullosos

Washington, D.C., es sólo una de las comunidades de entre millares, en las que los mariachis y las orquestas de salsa[1] están acompañando a los bailarines, oradores y jefes de cocina que comprende a grupos de inmigrantes—y de nativos—que se remontan a cerca de dos docenas de orígenes nacionales.

Es, por tanto, natural que los políticos hispanoamericanos se *inmiscuyan* en la acción. Durante los cuatro años últimos, el Grupo Congresional Hispano ha hecho eso mismo. Hemos organizado una cena anual, con todos los atributos ceremoniales.

mezclen

La celebración de este año es diferente, muy diferente. Es parte de una declaración nacional en el sentido de que los hispanos estamos forjando nuestro camino, al fin, desde los precintos electorales hasta los ayuntamientos, los capitolios estatales y más adelante, hacia la capital de la nación.

La evidencia *abarca* los siguientes detalles: El año pasado, había seis hispanos en el Congreso para participar en el acontecimiento. Este año, Ron de Lugo, de las Islas Vírgenes, y el triunfador reciente en las elecciones especiales de California, Matthew (Marty) Martínez, se unen a nosotros. Otros tres hispanos—uno de cada uno de los estados de California, Tejas y Nuevo México—ganaron sus campañas electorales primarias en distritos abiertos y se espera que triunfen en las elecciones congresionales de noviembre. Otro se halla postulado en las primarias demócratas para el recién-establecido Distrito Congresional *Undécimo* en la ciudad de New York.

contiene

número once

La primera cena del Grupo Congresional Hispano atrajo a 500 *comensales*. Este año, estamos triplicando ese número. Y el acontecimiento se ha extendido a tres días, dos de los cuales se dedicarán a simposios acerca de asuntos tales como la política de los Estados Unidos hacia la América Latina, las viviendas, los empleos, la instrucción y el mercado hispano.

asistentes, invitados a un banquete

---

[1] Se le llama así, en la actualidad, a la música latina con influencia africana. Nueva York se considera el centro de la salsa porque en esa ciudad se encuentran músicos como Tito Puente, uno de los mayores intérpretes de salsa.

Pero el enfoque se halla fijo sobre la participación política. Nuestro *lema* es: «Su voto es su voz». Eso es *motto* más que un lema. Tenemos la esperanza de que el voto de los hispanos cambie el panorama estadounidense y *realce* la forma de vida estadounidense. *enhance*

Desde 1970 hasta 1980, la población hispana aumentó en un 61%. Hacia el año 2000 los hispanos llegaremos a ser la minoría más *cuantiosa* de esta *numerosa* nación. Aunque se extiende constantemente, la población hispana se concentra en las zonas metropolitanas del suroeste y del nordeste. Y las consecuencias políticas de esta concentración son enormes.

Más de las tres quintas partes de nuestra gente se halla en California, Tejas y New York. Estos estados controlan el 21% del voto electoral del país. Hay 100 distritos congresionales con una población hispana del 15% o mayor. Hay 20 ciudades en los Estados Unidos que tienen una población hispana de 50,000 personas o más.

Los demógrafos están *dándose cuenta* ahora de *comprendiendo* que, cuando se toman como factores las circunstancias de edad y ciudadanía, los hispanos votan como cualquier otro grupo. Sin embargo, no se debe *pronosticar* ni esperar que el poder político se entregue *predecir* basándose en fórmulas tocantes a la población. Hay que ganárselo.

Durante años se ha evitado, de hecho o de derecho, que los hispanos votaran. Sin embargo, la Ley de los Derechos Electorales de 1965, su extensión aprobada por el Congreso en este año, y el activismo político en aumento de los hispanos, a todos los niveles, están cambiando nuestras pautas electorales y la influencia resultante. Estamos convirtiéndonos en una fuerza política viable, en jurisdicciones donde tradicionalmente hemos estado sin representación y *se nos ha* *nos han* *pasado por alto*. *ignorado*

El voto es nuestro instrumento para desarrollar y ampliar nuestra influencia positiva sobre el destino nacional. El logro del poder político no es solamente nuestro derecho. Es nuestro deber.

La Semana de la Herencia Hispánica sirve de recordatorio a todos los estadounidenses, en el sentido de que existimos y estamos listos a compartir las responsabilidades y los beneficios de esta nación multicultural.

Los hispanos celebraron el descubrimiento de América.

Bajo un sol radiante y una temperatura bastante cálida, miles de personas *se dieron cita* ayer a lo largo de la calle Broadway de Los Angeles, para *presenciar* el V Desfile de la Hispanidad, el cual empezó a las 10:30 de la mañana, en la calle Nueve y terminó en la Temple.

se reunieron
ver, contemplar

Según oficiales de la ciudad, unas 175,800 personas visitaron el centro cívico y sus alrededores para disfrutar de la música, las comidas y las artes con motivo del Festival de *Los Angeles Street Scene* y para celebrar el 490 Aniversario del Descubrimiento de América por Cristóbal Colón.

Este año, el Gran *Mariscal* no fue una figura pública hispana, sino fue el conocido artista de cine y televisión: Dennis Weaver.

Marshal

El Gran Mariscal es conocido en todo el mundo por su papel como «Chester» en la legendaria serie del Oeste «Gunsmoke». Weaver también ha sido presidente del *Screen Actors Guild* de 1973 a 1975. Además él compone canciones y hoy día tiene un grupo musical integrado por su esposa Gerry, y sus hijos Robby y Rusty.

Figuras destacadas dentro de la política local participaron y por supuesto, no podía faltar Tom Bradley, alcalde de Los Ángeles, quien estuvo más protegido que nunca por guardias de seguridad.

La vice-alcaldesa Grace Montáñez Davis, Gloria Molina, asambleísta del 53avo Distrito, Art Snyder, concejal del Distrito Catorce de la ciudad de Los Ángeles, también estuvieron presentes.

Esta vez el público espectador estuvo más entusiasta que en años anteriores; sin embargo, los diferentes gobiernos latinoamericanos y los medios de comunicación disminuyeron sus representaciones a consecuencia de los disturbios del año anterior.

Los gobiernos que estuvieron representados, fueron Bolivia, Brasil, Italia, Costa Rica, la República Dominicana, Nicaragua, Panamá, Portugal y Uruguay.

No obstante, algunas comunidades se hicieron notar por su participación cultural, entre ellas la colonia colombiana, cubana, brasileña, italiana y puertorriqueña.

El carro alegórico de los colombianos se titulaba

«Tierra Colombiana» y representaba una síntesis de la riqueza natural y cultural de Colombia en dos de sus facetas. La riqueza natural, se demostró con la brillantez y diversidad de colores lo cual simbolizó el trópico colombiano y la belleza de su flora. De igual manera, la *pródiga* y fértil naturaleza apareció representada en la variedad de los arreglos frutales; sobresalían dos *vistosos loros* o papagayos que simbolizaron lo prolífico de la fauna nacional, una de las más importantes del mundo por su diversidad. En el aspecto cultural, cinco regiones geográficas y folklóricas del país fueron representadas por cinco muchachas en sus respectivos trajes regionales.

generosa

flashy parrots

En la *carroza* había un ritmo contagioso que hacía bailar a los espectadores a su paso, ya que llevaba a miembros de la famosa orquesta Show Colombia con instrumentos propios de *la cumbia* colombiana.

float

Tres niños en trajes típicos colombianos, llevaron un *estandarte* con el nombre de Colombia, un joven deportista iba portando la bandera nacional, había un coche convertible donde iban tres miembros del comité y un grupo de bailarinas en trajes regionales de cumbia.

un tipo de música y baile
banner

Igual que siempre las brasileñas *arrollaron con su rumba* y sus trajes exóticos que fueron del agrado de todos los concurrentes.

excelled with their rhumba dancing

Los italianos se tomaron el desfile para ellos solos, ya que participaron varias carrozas y varias organizaciones.

Los guatemaltecos y su Cámara de Comercio enviaron una preciosa carroza.

Entre los artistas que tomaron parte se encontraban Carmen Zapata, Rita Moreno quien hizo de maestra de ceremonias, Tina Rains de la serie de televisión «*Flamingo Road*», y varios más.

Además participaron 27 bandas, siete camiones antiguos de bomberos del Departamento de Bomberos de Los Ángeles, 16 carros alegóricos y algunas unidades ecuestres.

Como ya se dijo, la maestra de ceremonias fue la conocida actriz y ganadora de premios Oscar, Emmy y Tony, Rita Moreno.

Este año por vez primera entregaran premios al mejor traje y a la carroza más bonita, según informó Víctor Gargurevich, coordinador del desfile.

María de los Ángeles Padrón. *La Opinión*, Los Angeles, Calif., lunes 11 de octubre de 1982, p. 8. (Adaptado)

Presencia de la cultura cubana en Estados Unidos.

Es alentador observar cómo, a pesar de los obstáculos y resistencias que se le oponen, la cultura cubana se proyecta en profundidad y extensión en el medio donde se le ha *brindado albergue,* protección y mano amiga. Dispersos por el amplio territorio de los Estados Unidos de Norte América, sin tener apenas conocimientos *rudimentarios* del idioma inglés, los cubanos han empleado su indiscutible capacidad de trabajo, deseo de superación, *afán* de progreso, respeto a las leyes y costumbres del país, en la conquista de una amable permanencia que les permita recorrer *decorosamente* el penoso camino del destierro. ¡Podemos sentirnos orgullosos del esfuerzo realizado!

El día 20 del mes que ahora termina, en el colegio «La Progresiva», situado en el Noroeste de Miami, «La *Cruzada* Educativa Cubana» celebró el decimoquinto aniversario del «Día de la Cultura Cubana», con una distribución del premio «Juan J. Remos», creado en memoria del ciudadano ejemplar, maestro de maestros, educador de altos *quilates*, irreprochable *funcionario,* que honró cuantas posiciones ocupara, y, en compañía de su distinguida esposa, la notable *retratista* Mercedes Carballal, creó una familia de gran prestigio y estrechamente unida.

En un amplio salón de la escuela, marco de austera grandeza, se reunieron destacadas personalidades del exilio, para escuchar, en la elocuente palabra del Dr. Jorge Mas Canosa, luchador incansable por la libertad de Cuba, su vibrante mensaje de esperanza y de fe en el regreso a la patria redimida. Sucedió al orador un programa artístico que *estremeció* a la concurrencia, dirigido por el notabilísimo locutor cubano Paul Díaz, que actuó de maestro de ceremonias. La música del admirado Ernesto Lecuona[2] halló correctos intérpretes en Antonio de Jesús, que cantó «María la O» y «Esclavo Libre», acompañado al piano por Luis Carballo, seguidos por Geisha Padrón en *El Desengaño* y «Te has cansado de mi amor», del mismo autor, acompañada por el joven pianista Jesús García, re-

Marginal glosses:
Da esperanzas
ofrecido refugio
básicos
deseo, interés
con dignidad
Crusade
qualities
político
pintora de retratos
hizo temblar
La Desilusión

---

[2] Uno de los más famosos compositores y pianistas cubanos del siglo XX, autor de melodías conocidas en el mundo entero como «Siboney», «The Breeze and I», «Always in My Heart», «Malagueña», «La Comparsa», etc.

cién llegado de Cuba por la flotilla de El Mariel, quien *hizo gala de* su maestría en el manejo del piano, conquistando *prolongados* aplausos. Además de otros cantantes excelentes, Hada Béjar, la gran *recitadora,* acentuó la delicia del acto con esas primorosas cascadas poéticas de José Martí, tituladas «Mi Caballero» e «Hijo del Alma».[3]

demostró
largos
persona que recita poesías

Lo más bello del acto reseñado está más allá de la impecable labor de los artistas que en él tomaron parte, y de los méritos de los premiados. Lo admirable, lo sublime, hay que hallarlo en la creación y el mantenimiento de «La Cruzada Educativa Cubana», que *arranca de* los comienzos de nuestro penoso exilio, a la que durante más de tres *lustros* han dedicado lo mejor de sus esfuerzos un laborioso y digno grupo de cubanos, *eficazmente* dirigidos por las doctoras María Carbonell y Mercedes García Tudurí, admirablemente *secundadas* por el Dr. Vicente Cauce, que han sostenido, contra *vientos borrascosos y aterradoras tormentas,* un centro de alta cultura que prestigia al exilio cubano.

empieza en grupos de cinco años
con eficacia/ *efficiently*
ayudadas
muchos obstáculos

Todo el que de alguna manera haya contribuido a la creación y mantenimiento de la «Cruzada Educativa Cubana» merece nuestro respeto y nuestros *parabienes* y debemos tributárselos. Hombres y mujeres que han levantado con heroicos sacrificios ese centro del saber, donde se imparte enseñanza gratuita y se estimulan los valores de la inteligente juventud que va surgiendo, dejan sus nombres inscriptos en las páginas de la historia con un rayo de luz que nada ni nadie podrá borrar.

congratula-ciones

En nombre de los que sufren en nuestra tierra esclavizada, en el de los que ahora recibieron el premio «Juan J. Remos» y de los que los precedieron, y en el de aquellos que integran la totalidad de nuestro exilio, concretamos nuestros reconocimientos en una sola frase: ¡Gracias, hermanos, os[4] secundaremos en el noble esfuerzo de lograr la unidad a través de la cultura!

Víctor Vega Ceballos. *Las Américas,* Miami, domingo 28 de noviembre de 1982, p. 5. (Adaptado)

[3] José Martí, además de ser el apóstol de Cuba (ver el Capítulo I, p. 1 de este libro), también fue un gran escritor de prosa y poesía, iniciador del movimiento poético modernista en América.

[4] Como se vio en el caso de la poesía, aunque con menos frecuencia, a veces también se emplean formas correspondientes a vosotros, vosotras en ciertos escritos, inclusive tratándose de autores hispanoamericanos.

Ejercicios

I. *Preguntas de contenido.*

1. ¿De qué modo progresa el activismo político, según Robert García? *empieza en casa, comienza en la cuadra, escala al ayuntamiento y las oficinas distritos y continúa al exterior.*

2. ¿Cuántas personas participan en la Semana Nacional de la Herencia Hispánica? *20 millones*

3. ¿Cómo se celebra esa Semana en Washington, D.C.? *organizado una cena anual.*

4. ¿Qué hace el Grupo Congresional Hispano?

5. ¿De qué trataron los simposios durante la celebración de 1982? *La declaración nacional del sentir de los hispanos casos instrucción empleados*

6. ¿Qué significa el tema «Su voto es su voz»? *es para cambiar los políticos estadounidenses.*

7. ¿Qué importancia tienen California, Tejas y New York con relación al voto electoral? *mas hispanohablantes viven aquí y los tres estados Controlan 31% del voto electoral del país.*

8. ¿Qué importancia ha tenido para los hispanos la Ley de los Derechos Electorales de 1965? *los hispanos ganando una fuerza en estados que no han fuerza en el pasado.*

9. En resumen, ¿para qué sirve la Semana de la Herencia Hispánica?

10. ¿Cómo se celebró el V Desfile de la Hispanidad en Los Ángeles en 1982? *con música, comidas y artes hispanos.*

11. ¿Quién fue el Gran Mariscal de ese desfile? *Dennis Steaver*

12. ¿Qué otras figuras destacadas estaban allí? *Tom Bradley* (12)

13. ¿Puede Ud. describir el carro alegórico de Colombia?

14. ¿Qué artistas tomaron parte en el Desfile? *Carmen Zapata, Rita Moreno, Tina Pain*

15. ¿Cómo se celebró el decimoquinto aniversario del Día de la Cultura Cubana? *con una distribución del premio "Juan S. Remos"*

16. ¿Dónde lo celebraron? *En el colegio en Miami poesías músicas.*

17. ¿Quién fue Ernesto Lecuona? *fue un compositor y pianista de Cuba.*

18. ¿Quiénes han sido las creadoras de La Cruzada Educativa Cubana y qué actividades lleva a cabo esa organización?

II. *De cada oración, diga si es verdadera o falsa. Corrija las falsas, comentando brevemente sobre cada una.*

1. La Semana Nacional de la Herencia Hispánica es una fiesta exclusiva de Washington, D.C.

2. En 1982 había 8 congresistas hispanos antes de las elecciones de noviembre.

3. En 1982 hubo 500 comensales en la cena del Grupo Congresional Hispano.

4. En la década de 1970 a 1980 la población hispana aumentó en más de un 50%. *61%*

5. La mayoría de los hispanos viven en el estado de Florida.

6. En 1982 la vice-alcaldesa de Los Ángeles no asistió al V Desfile de la Hispanidad.

7. El gobierno de Cuba estaba representado en ese desfile.

T 8. La cumbia y la rumba son bailes latinoamericanos.

F 9. Los italianos no participaron en el desfile por no ser hispanos.

F 10. «La Progresiva» es un colegio cubano de Miami.

T 11. José Martí, el apóstol de Cuba, fue también un notable poeta.

F 12. Un lustro es un grupo de quince años.

F 13. El Dr. Vicente Cauce era el director de la Cruzada Educativa Cubana en 1982.

F 14. El pronombre *vosotros* y sus formas derivadas nunca se emplean en el español hispanoamericano.

III. *Complete cada oración con una de las palabras y expresiones que aparecen a continuación.*

1. en lo tocante a
2. involucra
3. los mariachis
4. tengo la esperanza

5. pasar por alto
6. se dieron cita
7. arrollaron con su rumba
8. brindan albergue

1. Me gustaron _____ más que las orquestas de salsa.

2. _____ de llegar a ver un desfile hispano algún día.

3. _____ tu proyecto, debo decirte que me interesa.

4. Debes _____ sus insinuaciones; no vale la pena tomarlas en consideración.

5. Diferentes representantes de gobiernos latinoamericanos _____ en la plaza central para observar el desfile.

6. Las bailarinas cubanas _____ por las calles de Miami.

7. Muchas personas les _____ a los expatriados.

8. Se trata de un acontecimiento que _____ a muchísima gente.

IV. *Preguntas para iniciar una conversación.*

1. ¿Qué partido político prefiere Ud. y por qué?

2. ¿Qué diferencias generales existen entre las ideologías republicana y demócrata?

3. ¿Cómo está compuesto el gobierno federal de los Estados Unidos?

4. ¿Cómo están compuestos los gobiernos estatales?

5. ¿Ha votado Ud. alguna vez? ¿Puede describir ese proceso?

V. *Composición dirigida. «El sistema de gobierno estadounidense».*

1. ¿Cuáles son los partidos principales en los Estados Unidos y qué ideologías mantienen?

2. ¿Qué organismos forman el gobierno federal en Washington?

3. ¿Qué organismos integran los gobiernos estatales?

4. ¿Cuándo hay elecciones presidenciales en los Estados Unidos? ¿Puede Ud. describir brevemente cómo se vota?

5. ¿Qué ventajas tiene, para Ud., el sistema democrático de gobierno de los Estados Unidos?

La muerte obligatoria
Emilio Díaz Valcárcel

Esta mañana recibimos a tío Segundo. Lo esperamos cuatro horas, en medio de la gente que entraba y salía por *montones*, sentados en uno de los banquitos del aeropuerto. La gente nos miraba y decía cosas y yo pensaba cómo sería eso de montarse en un aeroplano y dejar detrás el barrio, los compañeros de escuela, mamá lamentándose de los malos tiempos y de los *cafetines* que no dejan dormir a nadie. Y después vivir hablando otras palabras, lejos del río donde uno se baña todas las tardes. Eso lo estaba pensando esta mañana, *muerto de sueño*, porque nos habíamos levantado a las cinco. Llegaron unos aviones y tío Segundo no se veía por ningún sitio. Mamá decía que no había cambiado nada, que seguía siendo el mismo Segundo de siempre, llegando tarde a los sitios, a los trabajos, *enredado* a lo mejor con la policía. Que a lo mejor había formado un *lío* allá en el Norte y lo habían

grandes números

cafeterías de mala reputación, ruidosas; muy cansado

con problemas; problema

En Kal Wagenheim, ed., *Cuentos: An Anthology of Short Stories from Puerto Rico* (New York: Schocken Books, 1978), pp. 158–166. (Adaptado)

arrestado, que no había pagado la tienda y estaba en corte. Eso lo decía mamá mirando a todos lados, preguntándole a la gente, *maldiciendo* cada vez que le pisaban *las chancletas* nuevas.

    cursing

    slippers, clogs

    Yo no había conocido nunca a tío Segundo. Decían que *era* mi misma cara y que de tener yo bigote hubiéramos sido *como mandados a hacer*. Eso lo discutían *los grandes* el domingo por la tarde cuando tía Altagracia venía de San Juan con su cartera llena de olores y *bombones* y nos hacía pedirle la bendición[1] y después hablaba con mamá de lo *estirado* que yo estaba y lo flaco y que si yo iba a *la doctrina* y si estudiaba, después de lo cual casi peleaban porque tía Altagracia decía que yo era Segundo *puro y pinto*. A mamá no le gustaba primero, pero después decía que sí, que efectivamente yo era el otro Segundo en carne y hueso, sólo que sin bigote. Pero una cosa, saltaba mi tía, que *no saliera yo a él* en lo del carácter *endemoniado*. Y mamá decía que sí, que yo no sería como su hermano en lo del *genio volado* y que más bien yo parecía una *mosquita muerta* por lo flaco y escondido que andaba siempre.

    tenía

    casi iguales

    las personas grandes, mayores; chocolates; alto

    las clases de religión cristiana; exacto

    come out like him; **como de un demonio; mal carácter** *good-for-nothing*

    Eso era todos los domingos, el único día que tía Altagracia venía de San Juan y se metía a este barrio que ella dice que odia porque la gente es impropia. Pero hoy es martes y ella vino a ver a abuela y a esperar a su hermano, porque a él le escribieron que abuela estaba *en las últimas* y él dijo está bien si es así voy pero para irme rápido. Y le estuvimos esperando cuatro horas sentados en el banquito del aeropuerto muertos de sueño entre la gente que nos miraba y hablaba cosas.

    muriéndose

    Ni mamá ni tía Altagracia reconocieron al hombre que se acercó vestido de blanco y *muy planchado* y gordo, que les echó el brazo y casi las *exprime* a las dos al mismo tiempo. A mí *me jaló las patillas* y se me quedó mirando un rato, después me cargó y me dijo que yo era *un macho hecho y derecho* y que si tenía novia. Mamá dijo que yo les había salido un poco enfermo y que por lo que yo había demostrado *a estas alturas* sería andando el tiempo más bien una mosquita muerta que otra cosa. Tía Altagracia dijo que se

    (ropa) bien planchada; *squeezes; pulled my sideburns;* **un hombre completo;**

    hasta ahora

---

[1] Entre hispanoamericanos es común que los niños les pidan la bendición a sus padres, abuelos, padrinos, etc., sobre todo antes de acostarse. La persona mayor contesta: «Que Dios te bendiga».

fijaran bien, que se fijaran, que de tener yo bigote sería el doble en miniatura de mi tío.

En el camino tío Segundo habló de sus negocios en el Norte. Mi madre y mi tía estuvieron de acuerdo en ir alguna vez por allá, que aquí el sol pone viejo a uno, que el trabajo el calor las pocas oportunidades de mejorar la vida... Así llegamos a casa sin yo darme cuenta.

Tío Segundo encontró a abuela un poco *jincha* pero no tan mal como le habían dicho. Le puso la mano en el pecho y le dijo que respirara, que avanzara y respirara, y no faltó nada para *virar* la cama y tirar a abuela al piso. *Le dio una palmadita* en la cara y después *alegó* que la vieja estaba bien y que él había venido desde tan lejos y que había dejado su negocio solo y que era la única, óiganlo bien, la única oportunidad ahora. Porque después de todo él vino a un entierro, y no a otra cosa. Mi madre y mi tía abrieron la boca a gritar y dijeron que era verdad que él no había cambiado nada. Pero mi tío decía que la vieja estaba bien, que la miraran, y que qué diría la gente si él no podía volver del Norte la próxima vez para el entierro. Y lo dijo bien claro: tenía que suceder en los tres días que él iba a pasar en el barrio o si no tendrían que devolverle el dinero gastado en *el pasaje*. Mi mamá y mi tía tenían las manos en la cabeza gritando bárbaro tú no eres más que un bárbaro hereje. Tío Segundo tenía el cuello *hinchado*, se puso a hablar cosas que yo no entendía y le cogió las medidas a abuela, quien sonreía y se veía que quería hablarle. Tío hizo *una mueca* y se fue donde Santo el carpintero y le encargó una caja de la mejor madera que tuviera, que su familia no era barata. Hablaron un rato del precio y después tío se fue donde sus cuatro mujeres del barrio, le dio *seis reales* a cada una y *cargó con ellas* para casa. *Prendieron* unas velas y metieron a abuela en la caja donde *quedaba como bailando*, de flaca que estaba. Mi tío protestó y dijo que aquella caja era muy ancha, que Santo la había hecho así para cobrarle más caro y que él no daría más de tres cincuenta. Abuela seguía riéndose allí, dentro de la caja, y movía los labios como queriendo decir algo. Tío movió entonces una mano hacia arriba y hacia abajo y las mujeres empezaron a llorar y dar gritos. Tío las *pellizcaba* para que hicieran más ruido. Mamá estaba tirada en el piso del cuarto, aullando

pálida

turn over
He patted her
dijo

el boleto de
avión

swollen

un gesto
desagradable
con la cara

unas monedas;
las llevó;
encendieron;
le sobraba
espacio

pinched

como los mismos perros; tía Altagracia *la abanicaba* — le echaba aire
y le echaba *alcoholado*. Papá estaba allí, acostado a — *rubbing alcohol*
su lado, diciendo que esas cosas pasan y que la verdad
era que la culpa la tenían ellas, que de no haber dicho
nada al *cuñado* nada hubiera sucedido. — *brother-in-law*

Con los gritos, la gente fue *arrimándose* al *velorio*. — *acercándose; wake;*
Llegaron Serafín y Evaristo y *tiraron un vellón a cara* — *they tossed a coin*
o cruz a ver quién comenzaba a dirigir el rosario. Llegó — *heads or tails;*
Chalí con sus ocho hijos y se puso a *espulgarlos* en — *quitarles las*
el piso murmurando sus oraciones. Las hermanas — *pulgas (fleas);*
Cané entraron por la cocina mirando *la alacena*, y — *cupboard,*
abanicándose con un periódico y diciéndose cosas en — *kitchen cabinet*
los oídos. Los perros peleaban en el patio. Cañón se
acercó a mamá y le dijo que la felicitaba que esas
cosas, pues, tienen que pasar y que Diostodopoderoso
se las arreglaría para buscarle un rinconcito en su
trono a la pobre vieja. Tía Altagracia decía que en San
Juan el velorio hubiera sido más propio y no en este
maldito barrio que por desgracia tiene que visitar. Tío — *damned*
Segundo le decía a abuela que cerrara la maldita boca,
que no se riera, que aquello no era ningún chiste sino
un velorio donde ella, aunque no lo pareciera, era lo
más importante.

Mamá se levantó y sacó a abuela de la caja. Cargaba
con ella para el cuarto cuando mi tío, borracho y hablando cosas malas, agarró a abuela por la cabeza y
empezó a jalarla hacia la caja. Mamá la jalaba por los
tobillos y entonces entraron los perros y se pusieron — *ankles*
a ladrar. Tío Segundo les tiró una patada. Los perros
se fueron pero mi tío se fue de lado y cayó al suelo con
mamá y abuela.

Pero siempre mi tío *se salió con la suya*. Cañón — *got away with it*
estaba tirado en una esquina llorando. Las hermanas
Cané se acercaron a mi abuela y dijeron qué bonita
se ve la vieja todavía sonriendo como en vida, qué
bonita eh.

Yo me sentía como *encogido*. Mi tío era un hombre — *tímido*
alto y fuerte y yo, lo dijo mamá, según ando ahora, no
seré más que una mosquita muerta para toda la vida.
Yo quisiera ser fuerte, como mi tío, y *pegarle* al que — *darle un golpe*
se metiera en el medio. Me sentía chiquito cuando mi
tío me miraba y se ponía a decir que yo no me le
parecía aunque tuviera bigote. Y terminó diciéndome
que yo *había salido a* mi padre y que no se podría — *had taken after*
esperar gran cosa de mí.

El velorio estaba *prendido* y Serafín y Evaristo se- — *well under way* guían guiando el rosario, mirando el cuarto donde tía Altagracia estaba acostada.

Mi tío cogió la maleta y dijo que *al fin de cuentas* **después de todo** estaba satisfecho porque había venido al velorio de su madre y que ya no tenía qué hacer por todo aquello. Salió diciendo que no le importaba haber gastado en pasaje ni en la caja ni en las lloronas,[2] que miraran a ver si en todo el barrio había un hijo tan sacrificado. Ahí está la caja, dijo, *para el que le toque el turno.* Y **para el próximo** salió casi corriendo.

Cuando me acerqué a la caja y miré a abuela, ya no estaba riendo. Pero noté un brillito que le salía de los ojos y mojaba sus labios *apretados.* **fuertemente cerrados**

Ejercicios

I. *Complete estas oraciones con las palabras que faltan, según el contenido del cuento que acaba de leer.*

1. El niño fue al aeropuerto a _____ .
2. Todos estaban muy cansados porque _____ .
3. El tío Segundo vivía en _____ .
4. Todos decían que el niño y su tío _____ .
5. El domingo por la tarde _____ iba a visitarlos.
6. El niño parecía una mosquita muerta por _____ .
7. La abuela estaba _____ .
8. Cuando el tío vio al sobrino le dijo que _____ .
9. Cuando Segundo vio a la abuela no la encontró _____ .
10. Él dijo que la abuela tendría que morir en tres días porque _____ .
11. Después Segundo fue al carpintero y _____ .
12. A continuación él fue a buscar a _____ y le dio seis reales a cada una.
13. _____ fueron al velorio para dirigir el rosario.
14. Tío Segundo le decía a la abuela _____ y que no se riera.
15. Por fin la madre del niño sacó a la abuela _____ .
16. Mientras Segundo y su hermana jalaban a la abuela, ésta _____ .
17. Segundo cogió su maleta y dijo que _____ porque había venido al velorio de su madre y ya ella estaba muerta.
18. Cuando el niño se acercó a la caja, la abuela tenía _____ .

[2] En muchos pueblos del mundo, no solamente el hispano, se emplean lloronas en los velorios y entierros. Se trata de mujeres a quienes se les paga para que lloren en esas ocasiones. También se les llama plañideras. Hoy en día esta costumbre se conserva, mayormente, en las zonas rurales de diversos países de habla española.

II. *Escriba la palabra o frase que corresponde a cada definición. Todas están en el cuento.*

1. Lugar de donde salen y a donde llegan los aeroplanos. _____
2. Pelos que los hombres se dejan crecer sobre el labio superior. _____
3. Dulces de chocolate. _____
4. Se dice del que está como un demonio. _____
5. Frase sinónima de *se estaba muriendo.* _____
6. Sinónimo de *pálida* (Puerto Rico). _____
7. Verbo que significa *meter en la tierra.* _____
8. Gesto desagradable que se hace con la cara. _____
9. Echar fresco con un abanico. _____
10. Alcohol que se usa para fricciones. _____
11. *Brother-in-law* en español. _____
12. Quitar las pulgas. _____
13. *Wake* en español. _____
14. Golpe que se da con el pie o la pata. _____
15. Cadena con cuentas (*beads*) que se usa para rezar. _____
16. Mujeres que lloran en los velorios. _____

III. *Dé dos palabras pertenecientes a la misma familia léxica de cada verbo en esta lista. Escriba una oración completa y original empleando una de los dos.*

> EJEMPLO mirar—**admirar, admiración**
> **Sentimos** admiración **al contemplar las pirámides de Teotihuacán.**

1. bañar
2. maldecir
3. pisar
4. bendecir
5. saltar
6. esperar
7. planchar
8. enfermar
9. respirar
10. cargar
11. tirar
12. murmurar

IV. *Preguntas para iniciar una conversación.*

1. ¿Puede Ud. describir una funeraria?
2. ¿Qué hacen las personas en los velorios en los Estados Unidos?
3. ¿Ha estado Ud. alguna vez en un entierro? ¿Puede describirlo?
4. ¿Qué es un obituario?
5. ¿Para qué aparecen los obituarios en los periódicos?

V. *Composición dirigida. «La vejez y los asilos de ancianos (nursing homes)».*

1. ¿Le gustaría a Ud. llegar a una edad muy avanzada? ¿Por qué, por qué no?

2. ¿Cómo le gustaría a Ud. pasar su vejez, después de retirarse?
3. ¿Está Ud. de acuerdo con enviar a los ancianos a asilos? ¿Por qué, por qué no? ¿Le parece justificado en unos casos y no en otros? ¿Cuándo?
4. ¿Puede Ud. describir un asilo de ancianos?
5. ¿Qué otras alternativas propone Ud. en vez de esos asilos?

Vocabulario

The definitions given in this vocabulary are contextual, and not always the primary meaning of the words cited. The following abbreviations are used:

adj.	adjective	*f.*	feminine noun	
adv.	adverb	*inf.*	infinitive	
coll.	colloquial	*m.*	masculine noun	
conj.	conjunction	*pron.*	pronoun	

abanderado, -da *m., f.* flag bearer

abarcar to take in, to encompass

abastecedor, -ra *m., f.* supplier

abastecer to supply, to provision

abogado, -da *m., f.* lawyer, attorney

abrigar to protect, to cover

abrirse: al—de upon the opening of

acabar to begin; **—se** to be finished

acariciar to cherish

acaudalado, -da *adj.* wealthy, rich

acechar to lie in wait for

aceite *m.* oil; **—de hígado** cod-liver oil

acera *f.* sidewalk

acerca de *adv.* about, relating to

acero *m.* iron

aclarar to explain

acogerse to take shelter, to seek protection

acogida *f.* reception, welcome; hospitality

acomodarse to make oneself comfortable

acontecimiento *m.* event, occurence

acordar to agree

acortar to lessen, to shorten

acostarse to lie down

actuación *f.* performance

actual *adj.* current, present-day

acudir to resort to; to come to, to go to

acuerdo *m.* agreement; **de — con** in compliance with

acusado, -da *adj.* marked; exaggerated

adelantado, -da *adj.* advanced, developed

adelanto *m.* advance

además *adv.* furthermore; besides

adentrar to go into

adeudo *m. indebtedness*

adinerado, -da *adj.* rich, wealthy

adivinador, -ra *m., f.* seer, fortune-teller

adivinar to guess

adquirir to acquire

advertencia *f.* warning

afán *m.* desire

afianzar to guarantee

afilarse: —las uñas to make ready, to prepare for something difficult

agasajar to honor

agazapar to hide

agotado, -da *adj.* worn out, exhausted

agradar to please

agradecer to thank for, to be grateful for

agregar to add

agrimensor *m.* land surveyor

aguantar to endure, to put up with

aguante *m.* endurance

aguinaldo *m.* Christmas present

ahijado, -da *m., f.* godson, goddaughter

ahogar to choke, to sob

aislamiento *m.* isolation

ajeno, -na *adj.* foreign

alabanza *f.* praise, compliment

alambre *m.* wire

alba *f.* dawn

albergarse to lodge; to take shelter

albergue *m.* refuge

alcalde, -desa *m., f.* mayor

alcanzar to reach, to attain, to hit

aldea *f.* small town

alentador, -ra *adj.* encouraging

alfombra *f.* carpet

alforcita *f.* pleat, tuck

algodón *m.* cotton

aliciente *m.* attraction, diversion

alimenticio, -cia *adj.* to do with food

alisar to smooth down

almacén *m.* store, shop

alojar to lodge

alquilar to rent

alrededor de *adj.* about, around

alrededores *m. pl.* surroundings, environs

altibajos *m. pl.* ups and downs

alto *adj.:* **pasar por—** to omit, to leave out

alumnado *m.* student body

ama *f.:* **—de casa** housewife **—de llaves** housekeeper

amanecer *m.* dawn

ámbito *m.* sphere, area

amenaza *f.* threat

amenizar to entertain

amistad *f.* friend; acquaintence

ampliar to expand

amplio, -lia *adj.* wide, large

analfabetismo *m.* illiteracy

anaranjado *m.* orange (color)

anclar to anchor

ancho, -cha *adj.* wide

angosto, -ta *adj.* narrow

animadversión *f.* prejudice, discrimination

ansiado, -da *adj.* desired, longed-for

ansiedad *f.* anxiety

anteojos *m. pl.* eyeglasses

antepasados *m. pl.* ancestors, forefathers

anterior *m.* past; **—a** before; previous to, earlier than

antiguo, -gua *adj.* old, former

añadir to add

apagar to turn off; **—se** to die out, to become extinguished

apático, -ca *adj.* apathetic

apellido *m.* surname; maiden name

apenas *adv.* no sooner than, as soon as

aplastar to flatten, to crush

¿apoco? really?

apodar to nickname

aportar to bring, to contribute

apoyar to confirm; to support

apoyo *m.* aid, assistance; backing

aprecio *m.* esteem

aprendizaje *m.* apprenticeship

apresurar to hurry

apretar to take

aprobar to approve

aprovechar to profit by, to make good use of

apuesto, -ta *adj.* handsome; stylish

apurarse to hurry

apuro *m.* haste

arahuaca *f.* Arahuaca, an Antillean Indian language

araña *f.* spider; chandelier

arañar to scratch

arco *m.:* **—iris** rainbow

arete *m.* earring

arrabal *m.* slum

arraigado, -da *adj.* rooted, fixed

arrancar to originate

arrastrar to exaggerate

arreglar to arrange

arreglo *m.* arrangement

arrojar to bring forth; to give

arroyo *m.* brook

asambleísta, *m., f.* assemblyman, assemblywoman

ascender a to amount to

ascendiente *m., f.* ancestor

así: —como *adv.* as well as

asignatura *f.* academic subject

asilado, -da *m., f.* refugee

asilo *m.* asylum, refuge

asimismo *adv.* also; similarly

asistir a to attend

áspero, -ra *adj.* rough

asunto *m.* subject, matter

asustar to frighten

atar: loco de— raving mad, fit to be tied

atavío *m.* attire

ateneo *m.* cultural association

aterrador, -ra *adj.* terrifying

aterrizar to land

atestiguar to testify to, to witness

atraer to attract, to lure

atrasado, -da *adj.* in arrears

atraso *m.* backwardness, underdevelopment

atravesar to go through

atreverse to dare

atrevido, -da *adj.* insolent, cheeky

atrevimiento *m.* boldness, audacity

atropellado, -da *adj.* hasty, reckless

aturdir to confuse

auge *m.* boom, expansion

aula *f.* classroom

aullar to howl

aumentar to increase, to grow

aún *adv.* still, yet

aunque *conj.* although; even if

ausencia *f.* absence

auspiciar to sponsor, to back

autóctono, -na *adj.* native

avasallar to subdue; to enslave

averiguar to investigate, to find out; to ascertain

avivar to inflame

ayudante *m.* assistant

azabache *m.* jet (semiprecious stone)

azafata *f.* stewardess

azahar *m.* orange blossom

azúcar *m.* sugar

bahía *f.* bay

bajo *adv.* under; below

balbucear to stammer

baldosa *f.* floor tile

banco *m.* bench, pew

barato, -ta *adj.* inexpensive

barco *m.* ship

barrer to sweep

barrera *f.* obstacle, difficulty

barrio *m.* neighborhood

bastante *adj.:* —**bien** *coll.* pretty well, OK

basura *f.* garbage

baúl *m.* chest, trunk

bautizar to baptize, to name

bautizo *m.* baptism, christening

becerro, -ra *m., f.* calf

bendecir to bless

bendito, -ta *adj., coll.* blasted, damned

benéfico, -ca *adj.* charitable

bien *conj.:* **más**— rather; **si**— although

bienestar *m.* well-being

bienhechor, -ra *m., f.* benefactor, benefactress

bisabuela *f.* great-grandmother

bisabuelo *m.* great-grandfather

bochorno *m.* shame; embarrassment

boda *f.* wedding

bohío *m.* hut

bombero *m.* firefighter

bordar to embroider

boricua *adj.* Puerto Rican

Borinquén Boriquén *m.* Puerto Rico

borrador *m.* draft, rough copy

borrar to erase, to blot out

borrascoso, -sa *adj.* stormy, tempestuous

borrego, -ga *m., f.* lamb

bosquejar to outline

botánica *f.* store that sells herbal medicines and religious articles

botín *m.* low boot

bracero, -ra *m., f.* manual laborer

brillante *m.* diamond

brillar to shine

brindar to offer

brindis *m.* toast

brío *m.* vigor

bruja *f.* witch

brumoso, -sa *adj.* misty, hazy

buey *m.* ox
bufanda *f.* scarf
bujía *f.* bulb
bulto *m.* package, bundle
burla *f.:* **hacer—de** to make
  fun of
busca *f.:* **en—de** in search of
buscar to look for
búsqueda *f.* search
butaca *f.* armchair

cabal *adj.* perfect, faultless
cabalgar to mount (a horse,
  etc.)
cabo *m.:* **al—de** after,
  following; **llevar a—** to carry
  out
cacique *m.* Indian chief
cadena *f.* channel
caimán *m.* alligator
caja *f.* box
calavera *f.* skull
calidad *f.:* **en — de** in the
  capacity of
cálido, -da *adj.* warm
calificación *f.* mark, grade
calzoncillos *m. pl.* underpants
cámara *f.* chamber
camarón *m.* shrimp
cambiar to change
camino *m.* route, road
campechano, -na *adj.* frank,
  affable
campesino, -na *m., f.* peasant
camposanto *m.* graveyard,
  cemetery
capar to geld, to castrate
carecer to lack
cargo *m.:* **a — de** in charge of
caridad *f.* charity
cariño *m.* affection
cariz *m.* aspect, appearance

carretera *f.* highway
carroza *f.* cart; parade float
cartearse to correspond
  regularly
cartera *f.* pocketbook, wallet
casero, -ra *adj.* domestic,
  household
castañetear: — los dedos to
  snap one's fingers
castigar to punish
categoría *f.* class, status
cauce *m.* riverbed
caudal *m.* amount, quantity
caza *f.* game (animals and
  birds)
cazador, -ra *m., f.* hunter
cazuela *f.* casserole pan
celos *m. pl.* jealousy
cenizo, -za *adj.* ash-colored
cepillo *m.* hairbrush
cerca *f.* fence
cercanía *f.* proximity
cercano, -na *adj.* close, nearby
cerrar to close
certamen *m.* contest
césped *m.* lawn
cicatriz *f.* scar
ciego, -ga *adj.* blind
cieguito, -ta *m., f.* blind
  person
cierto *adj.:* **lo — es que** the
  truth of the matter is that;
  por — by the way,
  incidentally
cifra *f.* mathematical figure
cimarrón, -rrona *adj.* wild,
  untamed
cinta *f.* ribbon, band; belt
cintura *f.* waist
cítrico *m.* citrus fruit
claro *adj.:* **— que sí** of course,
  naturally

claustro *m.* university council
cobrar to be paid
cobro *m.* collecting, receiving (of a debt, etc.)
codicioso, -sa *m., f.* greedy, grasping person
coger to hold
cola *f.* backside; train of a dress
colmo *m.*: **para el** — on top
colocar to position, to arrange, to place
colono *m.* colonist, settler
comadre *f.* godmother
comensal *m., f.* dinner guest
comenzar to begin
comezón *m.* itch
comillas *f. pl.* quotation marks
compadre *m.* godfather
compañero, -ra *m., f.*: — **de clases** classmate
compartir to share
compás *m.* rhythm
complacer to humor, to oblige; —**se** to take pleasure in
componer to compose
comportamiento *m.* behavior, conduct
comportarse to behave, to act
comprensivo, -va *adj.* understanding
comprobar to verify
compromiso *m.* commitment
conceder to bestow, to grant
concejal *m.* councillor
concientización *f.* consciousness-raising
concurrente *m., f.* one who is present at an event; spectator
concurrir to attend
concurso *m.* competition, contest; attendance

concursar to compete
conocido, -da *m., f.* acquaintance
conocimiento *m.* knowledge
conseguir to continue
conserje *m., f.* caretaker, janitor, cleaning man/ woman
consiguiente *adj.* consequent, resulting
contar to tell
contenido *m.* contents
contestar to answer
contienda *f.* battle, struggle
contonearse to strut, to swagger
contratar to hire
contratiempo *m.* setback, mishap
contratista *m., f.* contractor
convencimiento *m.* conviction
convertir to change; to become
convivencia *f.* coexistence
cónyuge *m., f.* married man or woman
coraje *m.* irritation, vexation
corona *f.* crown
correcto, -ta *adj.* well- mannered, well-bred
correr to run
cortejar to court
cortina *f.* curtain
costura *f.* sewing
costurera *f.* seamstress
cotidiano, -na *adj.* daily
criarse to be raised
criatura *f.* little girl (term of affection)
crisol *m.* crucible
cruzar to cross, to pass over
cuadra *f.* block, street
cuadrado, -da *adj.* square

cuanto *adv.:* **en — a** as far as (something) is concerned, as regards

cuartel *m.* lodging, barracks

cuchillita *f.:* **— de afeitar** razor blade

cuenta *f.* bill, check; amount; **darse —** to realize

culpar to blame

cumbia *f.* Colombian dance

cumbre *f.* summit, peak

cumplir to fulfill, to carry out; **— años** to have a birthday

cúmulo *m.* cloud

cuna *f.* cradle

cursillo *m.* minicourse

chachareo *m.* chattering, prattle

chalina *f.* scarf

chango *m.* monkey

chancleta *f.* slipper, clog

charla *f.* chat, talk

chismes *m. pl.* gossip

chiste *m.* joke

chorro *m.* stream, gush

chuchería *f.* trinket, trifle

dádiva *f.* gift

dama *f.:* **— de cama** mistress

danzón *m. (Cuba)* slow dance

dar: —se cita to meet

dato *m.* fact

deber *m.* duty, obligation

débil *adj.* weak

decaer to diminish, to decrease

decano *m.* dean

decenio *m.* decade

decrecer to diminish

delantal *m.* apron

demasía *f.* excess

demostrar to show, to demonstrate

denominarse to be called, to be named

deporte *m.* sport

deprimido, -da *adj.* depressed

derecho *m.* cost, expense; right

derretirse to melt

derrota *f.* route, course

desahuciar to declare past recovery

desaliento *m.* discouragement, depression

desalojar to dispossess

desarreglar to upset, to disorder

desarrollar to develop

desarrollo *m.:* **la edad del —** puberty

desbaratado, -da *adj.* in disorder, disheveled

desbordar to overflow

descalzo, -za *adj.* shoeless, barefoot

descartar to discard

descendencia *f.* descendants, offspring

desconsejar to advise against

descoser to rip

descubrir to discover

desdichado, -da *adj.* unfortunate

desempeñar to represent; to act

desempleo m. unemployment

desengaño *m.* disillusionment

desenlace *m.* outcome, conclusion

desenvolver to develop

desfile *m.* parade

desgarrador, -ra *adj.* heart-breaking

desgracia *f.:* **por —** unfortunately

deslizar to slide

despectivo, -va *adj.* contemptuous, derogatory

despedida *f.* farewell

despertar to awaken

desplomarse to collapse

despojarse (de) to divest oneself (of)

desprenderse to fall away

desprovisto, -ta (de) *adj.* devoid (of)

desquitarse to make up for something

destacar to highlight, to emphasize; **—se** to stand out

destacado. -da *adj.* well-known

destello *m.* sparkle

destierro *m.* exile

destreza *f.* ability, skill

detenerse to come to a stop; to pause, to linger

detenido, -da *adj.* immobile

devolver to return, to give back

diapositiva *f.* photograph slide

diario *m.* newspaper; *adj.* daily

dibujar to draw, to sketch

dibujo *m.* drawing, sketching; **—s animados** cartoons

dicha *f.* happiness, good fortune

dirigir to direct; **—se** to address; **—se a** to go to, to head for

discurso *m.* speech

disfraz *m.* disguise

disfrazar to disguise, to conceal

disfrutar to enjoy

disgustar to upset, to displease

disminuir to diminish, to decrease

disponer to arrange; **—a** to get ready to; to be disposed to

disposición *f.* cooperation

distinto, -ta *adj.* different

docente *adj.* educational

doler to grieve

doliente *adj.* suffering

dominio *m.* domination

doncella *f.* maiden; virgin

dotación *f.* endowment

dramaturgo, -ga *m., f.* playwright

ducha *f.* shower

duende *m.* elf

dulce *m.* sweet, candy

dueño *m.* owner, proprietor; master

dureza *f.* hardness, toughness

ebriedad *f.* drunkenness

echar to throw

efectivamente *adv.* certainly; yes, indeed

efectuar to accomplish; **—se** to take place

egresar to be graduated from

eje *m.* axis

ejemplar *m.* copy of a newspaper, etc.

elegir to elect, to select

elogio *m.* praise

embajada *f.* embassy

embargo: sin— *conj.* however

embestir to rush at, to charge

emborracharse to get drunk

empanizado, -da *adj.* breaded

empeñarse en to insist on

empeño *m.* interest

empeorar to worsen

empero *conj.* however

empezar to begin

emplear to use

empresa *f.* enterprise, company

enarbolar to hoist

encabezamiento *m.* heading

encaje *m.* lace

encantador, -ra *adj.* charming, enchanting

encantar to charm, to delight

encarcelar to imprison

encargar de to charge with, to be responsible for

encima *adv.:* **por — de** above and beyond

encontrarse to find oneself; — **con** to meet, to run into

encuadernación *f.* binding of a book

endrogarse to get into debt

enfatizar to emphasize

enfoque *m.* focus

enfrentamiento *m.* confrontation

enfrentarse con to face

engañar to deceive, to delude

enloquecer to drive mad

enojar to get angry

enredarse to get entangled, to be involved with

ensayo *m.* rehearsal

enseñar to teach

ensuciar to make dirty

ensueño *m.* daydream

enterarse to find out, to learn about

entero, -ra *adj.* total, complete

entierro *m.* funeral; grave

entonces *adv.* then; at that time

entrante *adj.* coming, following, next

entregar(se) to give, to deliver

entrenar to train

entretenerse to keep oneself amused

entrevista *f.* interview

envejecido, -da *adj.* grown old, aged

enviar to send

enviudar to lose one's spouse

envolver to envelop, to enwrap; to wrap a package

equivocarse to be mistaken, to get it wrong

esbelto, -ta *adj.* slender

escala *f.* ladder

escalar to rise, to climb

escasez *f.* need

esclavo, -va *m., f.* slave

escoba *f.* broom

escoger to choose, to pick out

escolar *adj.* scholastic

escoltar to escort

escombro *m.* ruin

esconderse to hide, to get out of sight

escote *m.* plunging neckline

escudo *m.* coat of arms

escusado *m.* toilet

esforzarse to try hard, to exert oneself

esfuerzo *m.* effort

eslavo, -va *m., f., adj.* Slav, Slavic

esmero *m.* care, attention

espalda *f.* back; **— mojada** "wet-back," a Mexican

immigrant who illegally
crosses the Rio Grande into
the U.S.

espectáculo *m.* show,
program

espejo *m.* mirror

esperanza *f.* hope

esperar to hope

espina *f.* thorn

espíritu *m.* spirit

espolón *m.* spur

esposo, -sa *m., f* husband,
wife

espulgar to delouse

esquina *f.* corner

estallar to burst, to explode

estampa *f.* picture, scene

estancia *f.* stay; lodging

estandarte *m.* banner

estar: — para + *inf.* to be
about to + inf.

estatura *f.* height

estilarse to be the custom

estrambotico, -ca *adj.*
eccentric

estrecho, -cha *adj.* narrow

estremecer to cause to
tremble, to shake

estreno *m.* debut

estrujar to crush

estuche *m.* box

evitar to avoid

exigir to demand

éxito *m.* success

extraño, -ña *adj.* strange,
peculiar

expedir to issue, to confer

fábrica *f.* factory

faena *f.* chore, job

fajear to beat with a belt

faltar to be lacking, to be
missing; **faltan cinco
minutos** five minutes
remain

fallido, -da *adj.* unsuccessful

fallo *m.* failure; weak spot

familiar *m.* relative

farándula *f.* acting company

fastidiar to annoy, to irritate

faz *f.* face, surface

fecha *f.* date

felicitar to congratulate

ferrocaril *m.* railroad

fiel *m., f.* faithful person,
believer

fijar to stabilize; **—se bien** to
make sure; **—se en** to notice

finado, -da *adj.* deceased, late

firmar to sign

flaqueza *f.* weakness

fleco *m.* fringe

flujo *m.* flow, rising tide

foco *m.* center

forjarse to take shape

fondo *m.: a —* thoroughly

forajido *m.* bandit

forastero, -ra *m., f.* visitor;
stranger

foro *m.* forum

fortalecer to strengthen

fracasar to fail; to break up

fraile *m.* friar, monk

fracasado, -da *adj.* frustrated

frasco *m.* jar; bottle

fregona *f.* kitchen maid,
scrubbing girl

frialdad *f.* coldness

frontera *f.* border

fuente *f.* source

fuerza *f.: —* **laboral** labor force

fulano, -na *m., f., coll.* guy,
fellow

funcionario *m.* civil servant

fundacion *f.* founding,
colonization

fundir to melt

gafas *f. pl.* eyeglasses
gala *f.:* **hacer — de** to show, to demonstrate
galán *m.* beau
galardón *m.* prize, award
galletita *f.* cookie
gallinero *m.* henhouse
ganadero *m., f.* cattle rancher
ganado *m.* livestock; cattle
ganador, -ra *m., f.* winner
ganancia *f.* gain, profit
garfio *m.* hook
gastar to spend
gastado, -da *adj.* worn-out
gemelo, -la *m., f.* twin
girar to turn, to revolve
giro *m.* expression, idiom
glorieta *f.* gazebo
grabado *m.* engraving; illustration
gracia *f.* blessing
grama *f.* grass, lawn
granate *adj.* garnet-colored
gritar to shout, to cry out
grito *m.* shout, cry
guagua *f. (Antilles)* bus
guante *m.* glove
guapo, -pa *adj.* handsome
guateque *m.* party
guayaba *f.* guava
gusano *m.* louse; worm

hábil *adj.* clever, skillful
hacendado *m.* rancher
hacer: — gala de to show, to demonstrate; **—se** to pretend
hada *f.:* **cuento de —s** fairy tale

hallar to find, to come across; **—se** to be found
hebra *f.* thread
heredero, -ra *m., f.* heir, inheritor
hereje *m., f.* heretic
herencia *f.* heritage
herida *f.* wound
herramienta *f.* tool
herrar to shoe horses
hervir to boil
hierba *f.* grass; hay
hincapié: hacer — en to emphasize
hipoteca *f.* mortgage
historiador, -ra *m., f.* historian
hito *m.* target, objective
hogar *m.* home; household
hoja *f.* page
hojear to turn the pages, to leaf through
hoyuelo *m.* dimple
hueso *m.* bone
huésped *m.* guest
huir to flee
humilde *adj.* humble

ida: de — y vuelta *adj.* round-trip
iluso, -sa *m., f.* dreamer
imán *m.* magnet
incitante *adj.* inciting
índice *m.* index
indígena, *m., f., adj.* native
ingerir to ingest, to take
ingresos *m. pl.* salary, wages
impartir to give, to offer
imperecedero, -ra *adj.* undying, endless
imperio *m.* empire
imponente *adj. coll.* smashing, terrific

imponer to impose
imprenta *f.* printing press
imprevisible *adj.*
  unforeseeable
impuesto *m.* tax
incrustado, -da *adj.* inlaid
indumentaria *f.* attire
informe *m.* report
ingenio *m.* factory
inmiscuir to mix
inscribir to sign on, to join
insigne *adj.* illustrious
instante *m.:* **al** — immediately
intercambio *m.* exchange
interesada *f.* self-interest,
  egoism
intérprete *m., f.* interpreter
intervenir to take part
invasor *m.* invader
inversión *f.* investment
involucrar to jumble
isleño, -ña *m., f.* islander

jabalí *m.* wild boar
jadear to pant
jalar to haul, to tug
jefe *m.:* — **de familia** head of
  the family
jerga *f.* jargon
joya *f.* jewelry
juego *m.:* **en** — at stake
juguete *m.* toy
juicio *m.* judgment; opinion
jurado *m.* jury
juzgar to judge

labrador, -ra *m., f.* farmer
lacio, -cia *adj.* limp
ladearse to tilt, to tip
lado *m.* side

lagarto *m.* lizard; alligator
laico, -ca *adj.* nonreligious,
  laic
lana *f.* wool
lanzarse to rush
lata *f.* can
lazar to lasso
lazo *m.* bond, tie
lecho *m.* bed; couch
lechuga *f.* lettuce
lejano, -na *adj.* far-away,
  distant
lema *m.* motto
lentes *m. pl.* eyeglasses
letra *f.* lyrics
leve *adj.* slight
ley *m.* law
leyenda *m.* legend
licenciado, -da *m., f.* lawyer
licenciatura *f.* B.A. degree
listo, -ta *adj.* ready
listón *m.* ribbon
loable *adj.* praiseworthy
locutor, -ra *m., f.* speaker
lograr to achieve
loma *f.* hill, slope
loro *m.* parrot
lucido, -da *adj.* elegant
lucimiento *m.* elegance
lucir to shine; to show, to
  display
lucha *f.* struggle
lugar: dar — **a** to give rise to;
  en — **de** instead of, in place
  of
lugareño, -ña *m., f.* villager
lumbre *f.* fire
luna *f.:* — **de miel** honeymoon
lustro *m.* five-year period

llamativo, -va *adj.* flashy
llanura *f.* plain, flat land

llanto *m.* weeping, lament

llave *f.:* **ama de —** housekeeper

llegar to arrive

llevar to convey, to lead; **— a cabo** to carry out

llorona *f.* the weeping woman," a Mexican folklore figure

madera *f.* wood

maduro, -ra *adj.* mature

maestría *f.* M.A. degree

mago *m.* magician

maíz *m.* **rositas de —** popcorn

mal *m.* illness

malecón *m.* dike

maldecir to curse

madrina *f.* godmother

malgastado, -da *adj.* worn out

mamoncillo *m.* type of tropical fruit

mandadero, -ra *m., f.* messenger

manejadora *f.* babysitter

manejo *m.* handling, management

maní *m.* peanut

manicomio *m.* mental institution

mano *f.:* **— de obra** labor, manpower

mantener to maintain

maña *f.* cunning; trick

mañanero, -ra *adj.* early-rising

marca *f.* brand

marchito, -ta *adj.* wilted

mariscal *m.* marshall

maromas *f. pl.* acrobatics

matiz *m.* nuance, shade of meaning

matrimonio *m.* married couple

mechón *m.* tuft, strand of hair

media *f.:* **— tinta** compromise

mediado *m.:* **a —s de** about the middle of

medida *f.:* **en tal — que** to such an extent that

mejor *adj.:* **a lo —** perhaps

membresía *f.* membership

mensaje *m.* message

mentira *f.* lie, falsehood

menudo *adj.:* **a —** often

mercancía *f.* merchandise

merecer to deserve

merienda *f.* tea, afternoon snack

mero *adj.:* **en — medio** smack in the middle

mesera *f.* waitress

mestizaje *m.* crossbreeding

meterse to intervene

mezcla *f.* mixture, blend

milagroso, -sa *adj.* miraculous

mira *f.* sight

misericordioso, -sa *adj.* merciful

mismo *adj.:* **por sí —** for that very reason

mitad *f.* half

modista *f. & m.* dressmaker, fashion designer

modo *m.:* **de —** so that

moldear to cast, to mold

monje *m.* monk

morder to bite; to nibble

moro, -ra *m., f., adj.* Moorish, Arabic

mostacilla *f.* sequin

movedizo, -za *adj.* wandering, nomadic

mudar to move

mudo, -da *adj.* silent, mute

mueble *m.* furniture

muestra *f.* sample
mundial *adj.* world; worldwide
muñeca *f.* doll
musgo *m.* moss

nacer to be born
nacimiento *m.* Nativity scene,
   crèche
nadar to swim
nefasto *adj.* ill fate, bad luck
negarse a to refuse to
negociante *m., f.* business
   person
negocio *m.* business
nahuatl *m.* Nahuatl, an Aztec
   Indian language
nene *m., f.* little child
neorriqueño, -ña *m., f., adj.*
   New York Puerto Rican
neoyorquino, -na *m., f., adj.*
   New Yorker; New York
ni *adv.:* **—siquiera** not even
nieto, -ta *m., f.* grandson,
   granddaughter
niñero, -ra *m., f.* nursemaid
niñez *f.* childhood
nivel *m.* level
novio, -via *m., f.* groom, bride

obispo *m.* bishop
obrero, -ra *m., f.* worker
obsequio *m.* present, gift
obstante *adj.:* **no —**
   nevertheless
occidental *adj.* western
oeste *m.* West; western movie;
   adj. 1*west*
oficinista *m., f.* office worker
oficio *m.* trade, (manual)
   occupation
ola *f.* wave

olán *m.* linen
olvidar to forget
ombligo *m.* belly button
onomástico *m.* birthday
oprimir to press down on
oración *f.* sentence
ordeñar to milk a cow, etc.
orgullo *m.* pride
orilla *f.:* **a —s del mar** by the
   seashore
orlado, -da *adj.* bordered,
   edged
otorgar to grand, to award
ovillarse to cuddle up

padecer to suffer, to endure
padrino, -na *m., f.* godfather,
   godmother
paga *f.* pay, salary
pagar to pay; **— el pato** *coll.*
   to take the rap, to face the
   music
país *m.* country
pala *f.* shovel
palangana *f.* water basin
palito *m.:* **— de paleta** lollipop
   stick
palmada *f.* clap
pantalones *m. pl.:* **— mecánicos**
   dungarees, jeans
pantalla *f.* shade, screen
papagayo *m.* parrot
papel *m.* role, part
papeleta *f.* raffle ticket, chance
par *m.:* **un — de** a few
parabién *m.* congratulation
parecer to seem, to appear
pareja *f.* couple, pair
pariente *m.* relative, relation
párpado *m.* eyelid
párrafo *m.* paragraph
parroquia *f.* parish

partidario, -ria *m., f.* supporter

partir: a — de from, starting from; after, following

pasado, -da *adj. coll.* old, "over the hill"

pasar to happen, to occur; **— por alto** to omit, to leave out

paso *m.* step

pasto *m.* pasture land

patada *f.* kick

pato *m.* duck; male homosexual

patrocinador, -ra *m., f.* sponsor

patrocinar to sponsor

pauta *f.* pattern

pecado *m.* sin

pedazo *m.* piece

pedrada *f.* snide dig (lit., blow by a stone)

pedrería *f.* adorned with precious stones

pegajoso, -sa *adj.* catchy, contagious

peinado *m.* hair-do

peinador, -ra *m., f.* hairdresser

pelea *f.* fight

pelear to fight

peligro *m.* danger

peluquería *f.* hairdresser's shop, beauty salon

pena *f.* effort, trouble; **valer la —-** to be worthwhile

penoso, -sa *adj.* painful; tedious

penumbra *f.* darkness, shadow

perder to lose

peregrino, -na *m., f.* pilgrim

perenne *adj.* everlasting

periódico *m.* newspaper

perjudicar to damage, to injure

permanecer to remain

perseguir to persecute

personaje *m.* character

pertenecer (a) to belong (to)

perturbar to bother, to disturb

pesado, -da *adj.* heavy; disagreeable; unbearable

pesar: a — de in spite of

pesebre *m.* manger

pestaña *f.* eyelash

pícaramente *adv.* roguishly, cunningly

piedra *f.* stone

piel *f.* skin

píldora *f.* pill

piojo *m.* louse

pisar to step, to tread

piscina *f.* swimming pool

piso *m.* floor, story

planta *f.* floor; **— baja** ground floor

plasmar to form, to create

platicar to mention; to chat

playa *f.* beach

pleno *m.* majority; *adj.* complete

polaco, -ca *m., f., adj.* Pole, Polish

ponencia *f.* paper, report

porqué *m.* reason, cause

portada *f.* cover of a book, etc.

portamonedas *m.* coin purse

portarse to behave oneself

porvenir *m.* future

postizo, -za *adj.* false

potestad *f.* power

precipitación *f.* fallout

predios *m. pl.* grounds, property

preferentemente *adj.* especially

premio *m.* prize
prender to take root
prensa *f.* the press
presenciar to be present at
presión *f.* pressure
préstamo *m.* loan
prestar to render, to perform
presupuesto *m.* budget
pretender to attempt, to try to
primal, *adj.* yearling
primordial *adj.* major, principal
primoroso, -sa *adj.* painstaking; exquisite
principio *m.: a —s (de)* at the beginning (of)
pro *m.: en — de* on behalf of, for the benefit of
probar to try on
procedencia *f.* origin
procedente *adj.* applicable, pertinent; *— de* coming from
pródigo, -ga *adj.* generous
pronosticar to predict
promedio *m.* average
pronto: ¡hasta — ! see you later!
propensión *f.* tendency
propicio, -cia *adj.* favorable
proponerse to be determined to
propósito *m.* purpose, intention
provechosamente *adv.* profitably
provenir to originate
próximo, -ma *adj.* next, following
puente *m.: — aéreo* air lift
pulgada *f.* inch
puñado *m.* handful

q.e.p.d. (que en paz descanse) may he/she rest in peace
quebrado, -da *adj.* broke, penniless
quedarse to remain
quehacer *m.* chore, job
quejarse to complain
quemar to burn
quilate *m.* quality
quitar to remove, to take away
quizás *adv.* perhaps, maybe

rabia *f.* rage
rabioso, -sa *adj.* enraged
racha *f.* series
radiodifusión *f.* radio broadcast
raíz *f.* root
ramo *m.* bouquet
raquítico, -ca *adj.* flimsy
rasgo *m.* feature
rato *m.* little while, short time
ratón *m.* mouse
raza *f.* race, ethnic group
realce *m.* splendor
realzar to enhance, to highlight; to emphasize
recamarera *f.* servant; housemaid
recinto *m.* site, location
reclamar to claim
recobrar to recover
recoger to harvest, to pick
reconocer to acknowledge, to admit
recordación *f.* memory, recollection
recordar to remember; to remind
recorrer to go, to travel through
recorte *m.* clipping

recreo *m.* recess
recuerdo *m.* memory
recurso *m.* petition
rechazar to reject
redactar to draw up, to word; to edit
redondo, -da *adj.* round
reencuentro *m.* collision
regañada *f.* scolding
regañar to scold
regar to sprinkle, to splash
regio, -gia *adj.* regal, royal
reglamentario, -ria *adj.* obligatory
regocijo *m.* joy, delight
regresar to return
regreso *m.* return
relámpago *m.* lightning flash
relato *m.* tale, story
reliquia *f.* heirloom
remolino *m.* whirlwind
remontarse to go back in time
repartir to distribute, to split up
repentino, -na *adj.* sudden
repercutir to echo, to resound
res *f.* head of cattle
resbalarse to slip up, to slide
rescatar to rescue
reseña *f.* review
reseñar to review; to tell, to narrate
respaldo *m.* endorsement, backing
restante *adj.* remaining
restar to take away, to diminish
retar to challenge
reto *m.* challenge, dare
retocar to give the finishing touches to
retorcer to twist

retrasado, -da *adj.*: — **mental** mentally retarded
retratista *f.* portrait painter
retrato *m.* portrait; picture
retumbar to resound
reunión *f.* meeting, assembly
reunirse to gather, to assemble
revista *f.* magazine
revuelto, -ta *adj.* disordered, messy
rezar to pray
ribetear to edge, to trim
rienda *f.* rein
rifa *f.* raffle
rigor *m.*: **en** — strictly speaking
rizo *m.* curler
rociar to sprinkle, to spray
rodante *adj.* traveling
rodar to roll, to turn
rodear to surround
rodilla *f.* knee
rojizo, -za *adj.* reddish
ron *m.* rum
ronco, -ca *adj.* hoarse, husky
rostro *m.* face
rueda *f.* wheel
rumbo *m.*: **con** — **a** bound for, heading for
ruta *f.* bus

sacate *m.* grass
sacerdote *m.* priest
sacudir to shake
sádico, -ca *m., f.* sadist
saladito *m.* tidbit
salado, -da *adj.* salty
salchicha *f.* sausage
saya *f.* skirt
secador *m.* dryer

secuestrar to kidnap
secundado, -da *adj.* aided, helped
seda *f.* silk
sede *f.* headquarters
sedoso, -sa *adj.* silky
seguir to follow
según *conj.* according to; as
selva *f.* jungle
semáforo *m.* traffic light
semejante *adj.* similar
semejar to imitate
semilla *f.* seed
sencillo, -lla *adj.* simple, straightforward
sentarse to sit down
sentido *m.* sense, meaning
séquito *m.* retinue, followers
ser *m.* being
serenar to calm down
servicio *m.:* **al — de** in the service of
sierra *f.* mountain
siglo *m.* century
silvestre *adj.* wild, uncivilized
sindicato *m.* union
siquiera *adv.:* **ni —** not even
soberano, -na *m., f.* sovereign
soberbio, -bia *adj.* magnificent, superb
sobregiro *m.* overdrawn account, debit
sobrepasar to surpass
sobrepeso *m.* overweight
sobretodo *m.* overcoat
sobrevivir to survive
sobrino, -na *m., f.* nephew, niece
socia *f.* member
solariego, -ga *adj.* ancestral
solazarse to enjoy oneself
soldado *m.* soldier

soler to be wont to
soltero, -ra *adj.* single, unmarried
solterona *f.* spinster, old maid
soñador, -ra *adj.* dreamy
soñoliento, -ta *adj.* sleepy, drowsy
sordo, -da *m., f.* deaf person
sospecha *f.* suspicion
sostener to endure, to put up with
subyacente *adj.* underlying
subvención *f.* subsidy
suceder to happen
suegro, -ra *m., f.* father-in-law, mother-in-law
sueldo *m.* salary
suelo *m.* soil, land
sugerencia *f.* suggestion
sugerir to suggest
sumar to amount to
supervivencia *f.* survival
supuesto: por — of course, naturally
surgir to rise, to appear
sustituir to substitute
susurrar to murmur, to whisper

tabacalero, -ra *adj.* of tobacco
tal *adj.:* **— como** such as
taller *m.* workshop
tamaño *m.* size
tambor *m.* drum
tanto *pron.:* **por lo —** therefore, as a result
tañido *m.* tolling
tarea *f.* task, job
tarjeta *f.* card
taxativamente *adv.* categorically
techo *m.* roof

tejido *m.* texture; fabric
tema *m.* subject, topic
temblor *m.* tremor
temible *adj.* fearful, formidable
temporada *f.* season; vacation
temporal *adj.* temporary
tener: — razón to be right
terciopelo *m.* velvet
término *m.* term
ternura *f.* gentleness,
  tenderness
terremoto *m.* earthquake
terreno *m.* piece of land
tesoro *m.* treasure
testigo, -ga *m., f.* witness
tétrico, -ca *(adj.)* gloomy, grim
tierno, -na *adj.* tender
timón *m.* rudder; helm
tira *f.:* **— cómica** comic strip
tirada *f.* printing
tocar to play (music, an
  instrument, etc.); **— a** to
  concern; to fall to
tomo *m.* book; volume
tontería *f.* foolishness
tonto, -ta *m., f.* fool
torno *adj.:* **en —** round about;
  en — a turning on,
  centering on
trabajo *m.:* **con —** carefully,
  meticulously
traer to bring
transcurrir to take place
transeúnte *m., f.* pedestrian,
  passer-by
tras *adv.* after
trasladarse to move
tratado *m.* treaty
tratar to deal with, to treat; to
  explain; **—se** to be about
través *m.:* **a — de** across,
  through

trayecto *m.* route
trazar to lay out, to plan
trepar to climb
tris *m.* trifle
trompo *m.* spinning top
trozo *m.* piece
truco *m.* trick
trueno *m.* thunder
turbación *f.* confusion, upset

ubicarse to be located
último, -ma *adj.* latter
umbral *m.* threshold
untar to grease
uña *f.* fingernail

vaca *f.* cow
vaciar to empty
valer to be worth; **— la pena**
  to be worthwhile
vaquero *m.* cowboy
varón *m.* man, male
vaticinar to prophesy
vecindario *m.* neighborhood
vecino, -na *m., f.* neighbor;
  adj. neighboring
vejez *f.* old age
vela *f.* candle
velación *f.* nuptial mass and
  veiling
vencedor, -ra *m., f.* victor,
  winner, conqueror
vencido, -da *m., f.*
  vanquished, conquered
venidero, -ra *adj.* coming,
  future
venta *f.* sale
ventaja *f.* advantage
ventajoso, -sa *adj.*
  advantageous
ventanilla *f.* small window,
  porthole

verdad *f.:* **cantar cuatro —es**
to tell off, to speak one's
mind
verdoso, -sa *adj.* greenish
vereda *f.* path, trail
vergüenza *f.* embarrassment,
shame
vez *f.:* **en — de** instead of
vidriera *f.* glass partition
villancico *m.* Christmas carol
vinculado, -da *adj.* tied,
bound
violáceo, -cea *adj.* violet-
colored
violar to rape
viruela *f.* smallpox

víspera *f.* eve
víveres *m. pl.* provisions,
supplies
vistoso, -sa *adj.* flashy
viudo, -da *m., f.* widower,
widow
vivencia *f.* experience
vivienda *f.* dwelling
volver to return
voto *m.* wish
vuelo *m.* flight; ruffle
vuelta *f.* **de ida y —** round-trip

zamarra *f.* sheepskin jacket
zumbido *m.* buzzing,
humming